修訂二版

社會學導論

彭懷真　編著

三民書局

Society

國家圖書館出版品預行編目資料

社會學導論 / 彭懷真編著. －－修訂二版二刷. －
－臺北市：三民，2016
面； 公分

ISBN 978－957－14－6050－5 （平裝）

1. 社會學

540   104014826

Ⓒ 社會學導論

編 著 者	彭懷真
發 行 人	劉振強
著作財產權人	三民書局股份有限公司
發 行 所	三民書局股份有限公司
	地址 臺北市復興北路386號
	電話 (02)25006600
	郵撥帳號 0009998－5
門 市 部	(復北店) 臺北市復興北路386號
	(重南店) 臺北市重慶南路一段61號
出版日期	初版一刷 2001年2月
	修訂二版一刷 2015年9月
	修訂二版二刷 2016年6月
編 號	S 500260

行政院新聞局登記證局版臺業字第○二○○號

有著作權·不准侵害

ISBN 978-957-14-6050-5 （平裝）

http://www.sanmin.com.tw 三民網路書店

編輯大意

　　本書是認識社會學的基礎讀物，以簡單易懂、清晰扼要的文字敘述，帶領讀者一步步進入社會學的知識殿堂，了解何謂社會學，以及認識文化、社會化、社會互動、社會組織、社會階層化、社會流動、社會變遷等重要的社會學議題，進而了解個人與社會的關係。

　　本書主要的教學目標，在使社會學成為淺顯易懂的生活知識，使讀者能運用社會學的觀點理解個人生活與社會現象，進而願意關心社會生活並思考問題解決的方法。

　　本書的編寫參考國內外重要的社會學著作，並配合臺灣社會近年來的發展狀況加以說明，每章結尾並附有摘要和習題供讀者複習與反思之用。透過本書的介紹，有助於增加讀者對社會學重要領域的認識，並能獲得一個整體而清楚的社會學概念。

社會學導論 目次

編輯大意

第一章

緒　論

學習要點

1. 了解社會學與每一個人的切身關係。

2. 知道什麼是社會學及其核心概念工具。

3. 體認社會學對了解過去乃至因應未來世界都是重要的知識。

第一節　社會學的意義與性質

　　社會學，學什麼？學「社會」、學習了解社會、學習用科學的方法了解社會。所以，**社會學就是「社會的科學」，「社會」是研究的範圍，「科學」則是研究方法。**當然，我們生在臺灣、長在臺灣，是臺灣人，所以要以與臺灣社會有關的科學研究為主。

　　臺灣，是個很有趣的社會。從人口組成來看，相當多元；從文化面來看，相當動態，又有各種次文化；從社會化的機構來看，家庭、學校、同儕團體、大眾傳播媒介及新興的網際網路都十分重要，對人們的職業、政治與性別社會化各方面產生不同的衝擊；從組織來看，這個島上有各種社會組織和社會制度，最主要的有：家庭、教育、政治、經濟、宗教、醫療等；臺灣也有不少社會不平等及社會問題，因此產生集體行為和社會運動；當然，臺灣一直在快速變遷之中，主要朝著都市化和現代化的方向邁進。

　　你我生活在這變化多端的社會，時時刻刻、隨處隨地受到社會的影響。即使在獨自一人時，也會有社會規範、社會價值存在於內心之中。我們當然應該認真了解臺灣社會和以社會學研究臺灣社會。詳細一點去定義，**社會學是研究人類生活如何被集體性的組織和建構的科學。社會學幫助我們去面對生活中視為理所當然的事件，去挖掘、去發現、去分析隱藏在社會生活中已經存在的過程、類型和因果關係。**

　　每一門科學都有些基本的假設，以確定其範圍及思考方向，社會學最主要的假設是：

1. 人的行為和思想是受到社會的影響。
2. 社會與制度是人所創造的，也可以被人所改變。

　　依此假設，一個學生各種外顯的行為、腦中的思想都常受到社會的衝擊和規範。例如他穿的是很炫的潮牌服裝、看的是日本偶像劇或美國好萊

塢的電影、聽的是偶像歌手的流行歌曲、反覆想的常是如何成為「科技新貴」和「網路高手」。他上學，加入的是「教育制度」；他買東西吃，參與的是「經濟制度」；他也注意總統選情，那是「政治制度」的活動。

社會學家由小而大，從人際、團體、全社會乃至世界體系四個層次了解社會生活，層次越高，包含越廣，也越複雜。不過，既是系統，就彼此關連，相互影響。在表 1-1 中有所說明：

表 1-1　社會學的分析層次

層　次	要　　素	例　　子
人際的	模式互動 角色行為 社會等級 人際網路	一場網球賽 教練與球員 士官與士兵 同學
團體的	初級團體 組織 團體關係	死黨、朋友 醫院 工人與經理
全社會的	制度 社會模式 階級與階層 都市與社區	宗教 奴役 中產階級 臺北市
世界體系	國際關係 多國組織 環球制度 世界互賴	聯合國 微軟公司 回教 石油生產

資料來源：張承漢譯，1993，《社會學》，頁 23。原著 Leonard Broom, Charles M. Bonjean, and Dorothy H. Broom。

社會學家建議人們用「概念工具」去看日常生活世界，如此可以很快地掌握重點。最常被提到的概念有：

一、社會行動

人是社會的產物，人的行動受到大環境的影響，其語言、行動舉止、價值態度都是社會所塑造的，所以行動是「社會的」。

二、社會結構

指將社會成員結合在一起，構成清楚的互動方式，學校就是社會結構的一種。正如房子有骨架，人和社會的關係也有骨架，人際互動依各種社會位置和所形成地位進行，並依此有相對的權利與義務，即為角色。

三、文 化

指影響人們生活方式的物質產品和非物質文化等抽象符號系統。文化提供人們在這社會中的價值，並塑造個人的夢想和願望。

四、權 力

人們對他們想要做或完成的事有決定的能力，權力大者較有能力完成心願，社會處處有不對等的權力關係。

五、社會體系

社會中有許多會互相影響的體系，而且每一個體系的改變都可能會造成整個社會的改變。

在臺灣社會，如果用這五個概念去觀察也許會有清楚的收穫，即使是高中學生的生活也在這五個概念工具的架構中。學生加入學生社團，其行動就是社會的，穿著打扮和言行舉止會模仿其他參與者。他的學生角色，有相關的權利（如接受知識）和義務（如遵守校規）。他會參考各種文化去塑造日常生活習慣。他的權力相對於老師、家長是有限的，但即將進入成

人世界，渴望擁有更大的權力。他所加入的教育、經濟、娛樂、宗教體系則是相互牽連的，一些重要的社會事件，會衝擊到以上各種體系和組織，也影響到臺灣社會每個人的生活。

社會學研究所要探討的是人們所熟知、天天都會經歷的現象，但是最特別的地方為它是用「科學的方法」來研究我們習以為常的事物。社會學的至理名言是「事實不像表面那樣單純」，因為經過科學的調查，你我必會發現社會具有許多面向，其中有些是我們原本不清楚、不明白的部分。我們常可以透過社會學的訓練，看到被我們忽略或誤解的各種活動和現象。

社會學最注意的是「社會事實」，而不是抽象的思考。社會整體不只是各部分的總和，還包括了各部分之間的相互作用。當各部門互動時，會在激盪中產生新的結構與性質。例如有位年輕人打球拉傷了肌肉，這原本只是一件與個人有關的小事，但是從社會學的思考，會注意到他用健保卡去看西醫，或是接受父母的建議自費去給看跌打損傷的師傅作推拿；前者是加入了現代醫療組織的專業服務流程，後者則是受傳統文化的影響。「治病」成為一種與社會定義有關的社會事實了。

第二節　社會學的興起背景與發展

「社會學」一詞由法國思想家孔德 (Auguste Comte) 所創用。該詞由拉丁文的 socius 和希臘文的 logos 組合而成。socius 指團體生活中的個人、伴侶等，logos 指知識、科學。因此社會學一詞，依字源上說，指研究人類社會 (human society) 或人類結合 (human association) 的科學。因此，美國學者孫末楠 (William G. Sumner) 就說：「社會學是社會的科學」。所以，社會學必須是科學的，也是以研究社會現象為主的。

美國社會學家殷格斯 (Alex Inkeles) 在所著《社會學是什麼?》一書中指出，社會學家無論所見如何，都會承認孔德、史賓塞 (Herbert Spencer)、

涂爾幹 (Émile Durkheim) 以及韋伯 (Max Weber) 四人是現代社會學發展上的中心人物。另外，沒有哪一位社會學者會忽略馬克斯 (Karl Marx) 對社會學的貢獻和衝擊，他們對於社會學的概念都有深遠的影響，因此，以下就這五個人的社會研究主題略作敘述：

一、孔　德

深受聖西門 (Saint Simon) 的影響，著有《實證哲學》一書，共分六冊。在首三冊他以《社會物理學》命名他擬議中的一門研究社會現象的專門學科，至 1838 年出版的第四冊，才改名為《社會學》，而將社會學與數學、天文學、物理學、化學及生物學並稱為六大基本學科，並且認為社會學是當中層次最高而又最複雜的科學。

孔德將社會學劃分為兩個主要部分：社會靜學 (social statics) 與社會動學 (social dynamics)。前者以社會的橫斷面為對象，研究社會秩序的原理，即考察社會體系中各部分的動作與反應的法則，主要內容為各種社會制度間之相互關係的探討，後來成為「結構論」思考的重點；後者以社會的縱剖面為對象，研究社會進步的原理，即考察社會發展的過程，其精神在於將連續的社會狀態中的每一狀態，視為以前狀態的必然結果，而又是以後狀態必不可缺的推動者；其目的在發現並統治人類社會連續性發展的法則，由社會動學所發展出「功能論」的思考。

二、史賓塞

是英國人，他為社會學發展奠立穩固基礎，出版了《社會靜學》、《社會學研究》（嚴復於 1903 年譯為《群學肄言》，成為中國第一本社會學書籍）以及《社會學原理》。史氏深受達爾文 (Charles Darwin) 進化論的影響，這可由其著作看出，所以，他可說是生物學派的社會學家。

三、馬克斯

是位德國籍的猶太人，在德國讀書，年輕時是黑格爾 (Georg W. F. Hegel) 學派的一員；後赴法國巴黎，成為社會主義者，又轉往英國倫敦，他的一生幾乎都是生活在貧困的狀態下，曾創立第一國際，終老於英國。最重要的著作為《德意志意識型態》、《共產主義宣言》、《資本論》等。他的階級理論、疏離感（異化），以及他對知識社會學、社會變遷的分析，都成為社會學中最重要的觀念。

四、涂爾幹

是法國學者，有猶太人血統，著作甚豐，他的《社會分工論》、《社會學方法論》、《宗教生活的基本形式》以及《自殺論》四部著作，迄今仍被視為社會學的經典。

在社會學方法論上，涂爾幹強調社會現象中有因果關係的存在；社會現象就是客觀的事物，可供觀察與解釋；對任一社會現象之解釋必須從它與其他社會現象之間的關係著手，應多從事比較和分析。

五、韋　伯

是德國學者，他的研究興趣廣泛，其有關社會學的主要著作有：《經濟與社會》、《基督新教倫理與資本主義精神》、《社會學論文集》、《中國宗教》、《印度宗教》、《古代猶太教》等。在社會學方面的研究，致力於闡述他所提倡的特殊方法，即投入理解法。

由上述說明可知：社會學不是孕育於傳統中國的知識領域，其基本架構和核心思想都是「西方的」，主要的方法與研究理論也都是由「外國人」所發展出來的。但是因為社會學的研究方法是科學的，且知識十分深入，具有很大的解釋力，能夠作為我們觀察臺灣社會的有利工具。因此，社會

學已經成為許多人都有興趣的學問，對每個人都能有所啟發。當然，本土的社會學家也做了許多有意義的研究，對社會學的蓬勃發展提供不少貢獻。

如果形容社會學是棵生長快速、枝葉茂密的大樹，是十分貼切的。這門學問已發展出許多專業，包含的範圍相當廣泛，由表 1-2 即可知其豐富。這棵樹孕育自西方社會，在劇烈的變遷中成長，又靠著各種研究增添肥料才迅速茁壯，發展出許多枝葉，分出不少科學領域。當此知識樹移植到臺灣的土地上，又加上了本土的文化和研究，將更為茁壯。

表 1-2　社會學專業分區

人口學	小團體社會學
心理健康社會學	文學與藝術社會學
世界衝突與世界體系社會學	休閒與運動社會學
宗教社會學	法律社會學
社會化	社會控制
社會學理論	社會變遷
科學社會學	性別研究
教育社會學	家庭與婚姻社會學
發展社會學	都市社會學
傳播與媒體社會學	量化方法學
語言社會學	資訊社會學
應用社會學與社會政策	醫療社會學

資料來源：王振寰、瞿海源主編，1999，《社會學與台灣社會》，頁 19。

社會學之所以開始發展，最主要的社會環境因素包括：

1. 工業革命：大量生產改變了經濟組織和人們的生活方式。
2. 資本主義：利益為主，一切以錢為優先的政治經濟體系形成，衝擊全球

和各地人民。

3. 人口增加且大量遷移：近百年全球人口遽增，產生了新興的都市，各種社會問題因而不斷出現。又由於人們快速移動，使原有社會規範的約束力減弱。

4. 國家興起：民族國家成為全球普遍的政府形式，國家滲透到教育、醫療、軍事等各種制度中，大大改變了社會結構和人們的生活運作型態。

5. 各種組織普及：產生新的經濟活動和工作型態，多數組織成為「科層體制」，大多數人成為加入職場的「組織人」。

6. 自由主義、平等思潮、人權觀念等都有助於社會學的蓬勃發展，而其他社會科學知識的進步更提供了社會學豐富的材料。像是和社會學並稱為行為科學三主軸的心理學和人類學，以及研究過去社會的歷史學、研究經濟行為的經濟學、研究政治行為的政治學、研究正式規範的法律學，研究教育制度的教育學等，各自都有不少的進步。

在各知識領域的相互刺激之下，社會學當然不能落人後，也要交出漂亮的成績單。各種社會科學學門固然各有特別的研究議題和關切重點，但彼此之間越來越需要「科際整合」，跨越學門，互相借鏡，並合作一起從事研究。

社會學有一個最親近的領域——社會工作，在很多大學中，這兩個領域甚至是在同一個學系之中。社會工作的本質是「助人的專業」，微視面主要是個案工作、團體工作和社區工作，大量運用社會學的研究和理論從事專業服務，以照顧各種弱勢的人口群，例如老弱、身心障礙，或家庭暴力、性侵害、兒童虐待等受害者。社會工作的鉅視面則會處理社會福利政策、社會立法、社會安全等議題。

社會學本身也可依照處理的主題範圍區分為鉅視社會學和微視社會學。前者主要研究社會結構、社會變遷、社會制度，也有從事跨國或跨時代的比較；後者則著重社會關係、社會互動和社會心理，例如社會化、小

團體、社會網絡等。

在臺灣，鉅視和微視都有許多學者持續從事研究，因此累積不少的成果，在本書的各章節將廣泛引述這些研究成果。社會學在臺灣的發展相當蓬勃，1955 年中興大學、1956 年東海大學、1960 年臺灣大學開始設立社會系，之後輔仁、東吳、政大、清大等校也陸續設立社會系或相關的科系。臺大、東海、中興等校設有社會學碩士班，東海及臺大等則先後成立博士班。國內學術研究重鎮中央研究院也有社會學研究所。在其他學校，也多有社會學及相關課程，尤其是社會科學院的其他科系。管理、醫護、教育、新聞、都市計畫等學科群也都需要社會學的課程。其實，只要是作為一個社會上的成員，能多了解社會學的知識，都是有用而實際的。

≫ 摘要

> 每一個人都是「社會人」，針對這個事實，科學領域進行了豐富而多元的研究，稱之為「社會學」。尤其是對於多變的臺灣社會，如果有系統地正確了解及分析，不但可以增加我們自己的知識，也有助於安排生活。本章從整體而全面的角度繪出社會學的全圖，並盼望學生能充滿期待地進入社會學的寬廣世界。社會學將成為每一位學生面對社會時的重要指引。

≫ 習題

■選擇題

( ) 1.哪一門社會科學探討的是人們所熟知、天天都會經歷的現象，並專注於研究人們習以為常的事物？ (A)社會學 (B)人類學 (C)政治學 (D)心理學

( ) 2.提出階級理論、疏離感，對社會學有重要影響的理論家是下列何人？ (A)孔德 (B)史賓塞 (C)馬克斯 (D)韋伯

( ) 3.什麼是指影響人們生活方式的物質產品和非物質文化等抽象符號系統？ (A)社會 (B)文化 (C)權力 (D)結構

( ) 4.哪一位社會學家主張以投入理解法來研究社會現象？ (A)史賓塞 (B)馬克斯 (C)涂爾幹 (D)韋伯

■是非題

( ) 1.「社會學」一詞是由涂爾幹所創的。

( ) 2.社會學的假設之一是「人的行為和思想是受社會影響的」。

( ) 3.社會學孕育於傳統中國的知識領域。

( ) 4.工業革命、資本主義是社會學興起的因素之一。

■問答題

1. 社會學與每一個人有什麼關係？身為一個「社會人」，你如何應用這門知識面對社會？

2. 你如何用五個最常被提到的社會學概念去分析你周圍的社會現象？

第二章
文化、個人與社會化

學習要點

1. 說明文化對每一個人生活的影響。

2. 分析文化的多元性及變動性。

3. 討論社會化如何塑造人。

4. 介紹各種重要的社會化力量。

在對社會學的意義有了初步的了解之後，我們要開始進入社會學所探討的領域，其中第一個就是文化與社會化。為什麼社會學要探討文化和社會化等主題？這兩者和我們每個人或是整個社會有著什麼樣的關係呢？為什麼要把它們放在同一章來討論呢？我們就一起來探個究竟吧！

▶ 第一節 文 化 ◀

有人說：法國人浪漫多情，猶太人吝嗇，中國人最懂得吃……，為什麼會有這些不同呢？又有人說：客家人節省，原住民多半有好歌喉，是不是如此呢？這些都與文化有關。

有時候會聽到有人說：「你這個人怎麼這麼沒有文化！」或是形容一個地方是「文化沙漠」，到底什麼是「文化」？為什麼不同民族或是國家的人，在面對同樣一件事情（如迎接新年的方式，又如面對死亡的態度），有著相當不同的看法和作法呢？我們的生活如此方便，都是享受文化的成果。又常有各種節日要慶祝，不同的節日代表著不同的意義，慶祝的方式也有所不同，為生活增添了不少色彩。

舉個例子：中國人吃飯用筷子，英國人用刀叉，而印度人則習慣用手吃，各有因應「飲食需要」的手段。再深入去想，不同國家的青少年表現出不同的特質；即使是在同一個國家之中，不同年齡層、不同教育制度下的學習成果也有所不同，例如高中與高職在教學導向上就明顯不同。

經過社會學家和人類學家一再地研究，發現「文化」是影響人類生活最重要的因素。究竟它是什麼？它和個人的生活有著什麼樣的關係呢？

壹 文化與個人生活

一、文化的定義

英國學者泰勒 (Edward B. Tylor) 曾經對文化下了一個常被引用的定義，他說：「文化是一個複雜的整合體，是人類作為社會的一員時，所學習得到的一切事物。它包括知識、信仰、藝術、道德、法律、風俗，以及任何其他的能力和習慣。」

舉個例子來說：在臺灣的社會裡，用功讀書、考上好的學校，對每一個學生來說都是一件非常重要的事，因為「文化」告訴我們，要有好的成就，知識和學歷是非常重要的。這顯然受到從前儒家文化「萬般皆下品，唯有讀書高」觀念的影響。但是因為和其他文化接觸多了，我們也漸漸受到其他社會的影響，例如認為「行行出狀元」。像是在美國，運動員也受到很高的評價，但是他們並不一定有很高的學歷。很顯然的，現代文化已趨向於多元化，不再只有一種價值觀。

人類學家克魯孔 (Clyde Kluckhohn) 認為：「文化是一群具有同一獨特生活方式的人所持有的一組價值、現實觀，和行為模式。」就像中國幾千年來以農立國，因此發展出農業社會的文化，如安土重遷、落地生根等。

我國社會學家龍冠海也說：「文化是人類生活方法的總體，包括人所創造的一切物質的與非物質的東西。從個別社會的立場來講，一個社會的文化是該社會所建立的，一代傳一代生活方法的總體，是普遍存在於人類之中的現象。」我們也可以從日常生活當中發現許多這類的例子，例如過年過節的時候有許多禮數、儀式與規矩要注意，這些都是祖先一代代傳給我們的。

從上述各家的說法，我們可以發現：**文化是存在於人類社會中的一切人工製品、知識、信仰、價值以及規範等；它是人類可經由學習得到，而且是代代承續的。對於社會裡的成員，它提供各種方法或工具，以調適在生活或生存上面臨的各種問題。**

文化是一個社會的特殊生活方式或生活道理，不僅是創造、傳承的，也是變遷、累積的。我們每個人的生活、我們的一舉一動，都受到文化很

大的影響。因此，文化是任何社會存在的基本要素，也是每個人適應社會生活的參考依據。

記得我們小時候，「過年」最大的意義就是放假，可以有新衣服、壓歲錢，又有許多好吃、好玩的東西（如鞭炮等），而且可以看到好多平時不常見面的親戚朋友。到了青少年時期，「過年」對我們的意義已經轉變為許多較長的假期之一、提供家族成員團圓的機會，濃厚的商業氣息掩蓋了過年的氣氛，自己好像也已經不再像小時候那麼地興奮了，但是無論情況怎樣變，其中都有文化的痕跡。

二、文化的組成要素

文化是由許多不同的要素所組成，大致可分成兩類：一是物質文化，另一個是非物質文化。

㈠物質文化 (material culture)

指的是人們所製造出來與所使用的工藝技術與器物。從我們所穿的衣服、日常家庭用品、電動玩具、交通工具，到我們所住的房子都包括在內。它對人類的生活影響很大，因為我們從出生到死亡，都會需要它。

㈡非物質文化 (nonmaterial culture)

指一個文化中用來指導人們互動與解決困難的知識、信仰、價值和規則的整體。如果說物質文化是看得見、摸得到的文化部分，則非物質文化就是看不見、摸不著的部分，它教導我們如何使用物質文化的思想、觀念與知識。例如我們對祖先崇拜的意義是超過物質層面的，代表著對祖先的尊敬與懷念。

非物質文化又包括兩個主要的部分：認知文化和規範文化。

1.認知文化 (cognitive culture)

指的是一個社會所擁有的，大家所分享、了解的思想，包括知識、語言、信仰、價值。例如中國人很注重的四維八德、家族觀念等。

2.規範文化 (normative culture)

指的是社會公認的行為規則與標準。它告訴人們哪些可以做，哪些不可以做；應該怎麼做以及不應該怎麼做。規範文化主要包括民俗、民德和法律，可分為非制度化的與制度化的兩類。

(1)非制度化規範：民俗與民德

非制度化規範是指一般人都知道的規範，但並沒有成文的規定。包括民俗與民德。

民俗指的是一個社會或團體中所流行的風俗習慣或活動方式。違反民俗者雖然可能受到社會的處罰，但處罰不會太重。例如傳統中清明節要到祖先墳前掃墓，如果沒有做到，可能會遭受眾人的批評，但是不一定會被正式的處罰。

民德則是社會規範裡被認為足以影響到社會或團體生存的重要部分。大部分都是禁忌，指明哪些行為該做或不該做，通常違反民德的行為都是不被允許的。例如近親不可亂倫，一旦違反了，就將遭受嚴厲的懲罰。

我們將民德與民俗稱為非制度化的規範，因為它們是自然形成的，而且沒有任何機構來執行，它們實際上是由公眾所訂立、維持與實施的。

(2)制度化規範：法律

制度化規範是指已經被明文規定的規範，而且對違反者有清楚的罰則。法律就是其中之一。

法律是由社會或國家的政治權威機構訂立，並且以國家的權力來維持與實施。換句話說，它是有意識、有計畫創造出來的，是成文的，而且有

特定機構加以執行，這些特徵是非制度化規範所沒有的。不過，許多的法律卻是由民德演變而來的。例如我國《民法》中有關婚姻的規定，就是從民德衍生的。

3.規範與制裁

民俗、民德、法律經由制裁表現對行為者的賞罰力量，迫使人們遵守規範，成為人們行為的指導。賞是正面的增強、積極性的制裁，有正式的頒發獎狀和非正式的口頭稱讚等；罰是負面的壓力、消極性的制裁，正式的如記過或判刑，非正式的如面露不悅表情等。

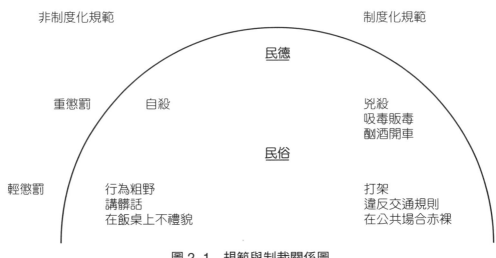

非制度化規範　　　　　　　　　　　　　　制度化規範

民德

重懲罰　　　　自殺　　　　　　　　兇殺
　　　　　　　　　　　　　　　　　吸毒販毒
　　　　　　　　　　　　　　　　　酗酒開車

民俗

輕懲罰　　　　行為粗野　　　　　　打架
　　　　　　　講髒話　　　　　　　違反交通規則
　　　　　　　在飯桌上不禮貌　　　在公共場合赤裸

圖 2-1　規範與制裁關係圖

三、文化對個人的功能

(一)滿足生理需要

個人接受文化的教導，知道如何禦寒、何時進食、何處休息，才可以滿足我們生理上的需要。

㈡有歸屬感和目的

文化使我們在團體生活中有歸屬感，感覺被接受，為了參與團體，我們會接受團體規範。

㈢文化引導個人與他人互動，並提供互動的途徑

文化為個人在社會扮演的角色，界定情境並描述經驗。語言引導個人觀察、並且表現自己，同時與世界產生互動關係。文化也教導社會的成員採用正確和適當的方式與社會中其他人相處，例如孩子學習如何言行舉止才能成為一個好兒女。

㈣文化賦予經驗以意義與價值，並且指導情緒的表現

文化告訴我們什麼是正常與反常、善與惡、美與醜、快樂與不快樂。文化甚至限定個人在不同情境中應該如何感受或表現情緒。例如有的社會主張「男兒有淚不輕彈」，而在有些社會裡，男人哭泣是適當的情緒表示；有的社會主張隱藏自己的情緒，有的社會則鼓勵情緒的發洩。

㈤文化結合團體生活，使嬰兒成長為社會性的人

因為有文化才使我們成為所屬社會所特別界定的人，不僅是一般意義的人而已。這一部分我們將在本章的第二節作詳細的探討。

貳 文化的普遍性與差異性

如果我們把世界上每一個文化拿來加以比較，將會發現這些文化之間有許多相同和相異的地方，也就是說文化有普遍性和差異性。

一、文化普遍性

　　指的是一切文化均有的特性，或在人類不同社會裡常共享的一些類似或相同的文化現象。也就是在所有已知的文化中都能發現的行為模式和制度，例如年齡層級、身體裝飾、烹飪、分工、教育、舞蹈、音樂、近親亂倫禁忌、繼承法則、性的風俗和宗教儀式等。不過每個文化實際執行的方式卻不盡相同。

※促成文化普遍性的因素

1. 生物上的類似：人類的身體形成對稱。
2. 生活必需的相似：人類的基本需求大致相同，例如吃喝、衣著、住所等。
3. 受人類環境的可用性及極限的影響：地球這個環境可用的材料與資源相似而且有限。
4. 文化的接觸或傳播的影響：民族之間的接觸、遷移和傳播也會促成文化的普遍性，尤其是現代科技的進步更加快了文化的傳遞。

二、文化差異性

　　文化有其普遍性，也有其差異性，文化的差異還包括了文化與文化之間的差異，和同一文化內所存在的差異。

㈠文化間的差異

1.文化中心主義（種族中心主義，ethnocentrism）

　　文化中心主義就是用自己的文化作為標準來衡量其他文化。人們常常以自我為中心，認為自己的文化才是最好的，是高人一等的。將自己的生

活方式，包括行為、信仰、價值和規範，視為唯一正當的生活方式，並以自己的標準去判斷別人。批評別人沒有文化，其實是指沒有所謂的「高等文化」。因為有些人認為上流社會的文化才是文化，其他的都不算文化。

孫末楠注意到人們有將世界分成「我們」(we group) 與「他們」(they group) 兩個團體的傾向，而拒絕「他們」的文化，因為這在「我們」中是不允許的。人們往往會否定其他文化的優點，對在不同傳統中的人加以排斥。

例如漢人以前稱原住民為「番仔」，認為他們是野蠻人、未開化，其實原住民在大自然中的生命力非常強，而且所謂的「現代化」帶給環境更多破壞。另一個更極端的例子，就是在納粹德國時代希特勒對猶太人、吉普賽人的攻擊行動。認為大規模的屠殺乃「理所當然」，只為了使德國成為一個純粹為雅利安人的國家。

2. 文化相對論 (cultural relativism)

指對於不同文化（即異文化）所持的尊重態度。孫末楠主張：「文化只能以它自己的價值和它自己的背景來了解。」因為每一種文化都有它相對的價值，沒有什麼高低好壞之分。如果我們只按照自己的動機與價值來分析其他社會的人民，我們可能永遠都無法了解他們為什麼會這樣做，又為什麼不那樣做。文化不能以外來者的眼光加以評價，因為文化的價值因時地而有所不同，因此也就必須受到相對的尊重。

人們應要接受其他文化的存在，並且學習用欣賞的眼光來看待它們。例如西方國家的父母對子女的教育傾向於獨立；東方國家的父母則對子女較為保護。日本人在吃麵時，會故意發出聲音來表示好吃；但在西方國家的人民則對這項舉動感到非常反感。由此可見，同樣一件事情在不同的社會有不同的含意，無法用同一個標準來看待。

某一種行為在某一個社會中被認為是適當和道德的；但在另一個社會

中，卻可能被認為是不適當，甚至是不道德的。所以，要衡量某文化的要素，應該按照它自己的標準，而不是按照某些假定適合所有文化的普遍標準。例如有些非洲民族的文化是當丈夫過世之後，丈夫的弟弟應該娶自己的嫂嫂為妻，但在另一個文化裡，這是不道德的。

※造成文化差異的原因

對於造成文化差異的原因有許多說法，但大致包括以下三點：

1.生物因素

指生理遺傳基因或種族的差異。人類的生物性差異，明顯表現於種族的不同，這種理論是建立在種族中心主義的假定上，即文化的優劣與種族的品質有關。例如東方人跟西方人體格上的差異，導致雙方所發展出來的「體育」也不太相同。西方人著重體格的展現，而東方人則較不看重。

2.地理因素

地理位置不同，提供人類的資源就有所不同。另外，氣候也會限制人類的活動。因此，人類在有限空間的資源利用上，各顯本領而呈現五花八門的結果。例如內陸地區的文化就不會對航海技術有太大的發展；氣候因素也使同一國家中有遊牧經濟和農業經濟的不同。如果再加上位置孤立、少與其他文化接觸的話，則差異就更明顯了。

3.民族自我導向

所謂民族自我導向，是指民族興趣所趨的方向。例如西方民族興趣在於控制自然和物質，因而研究科學和工藝學的風氣很盛；反之東方民族興趣在於追求天人合一的境界，從而傾向於人文和人生哲學的探索。

㈡文化內的差異

1.次文化 (subculture)

指一個團體所共有的某種特別的生活方式，它雖然與社會中大多數人所形成的主流文化 (dominant culture) 有許多相同之處，但是也有一些獨特的特質極易被區別出來。他們會發展出一些清楚的次文化跡象，例如一種特殊化的字彙、共有的態度，以及識別誰是同儕、誰是外人的種種方法。在一個社會中，次文化可能因種族、經濟及職業而有所不同，也可能因年齡及貧富而不同。

以臺灣這個小小的島嶼為例，就不知道有多少種來自中國各地的地方性方言，再加上臺灣原住民各族也有屬於自己的語言，因此不同種族有不同的次文化，例如原住民次文化、客家次文化；不同年齡層也有不同的次文化，例如老年次文化、青少年次文化。

2. 反文化 (counterculture)

當一種次文化直接與基本的社會期望對立，甚至試圖推翻現有文化的價值、信仰及規範時，就被稱為「反文化」。例如宗教上的異端或邪教，叛亂或革命組織的行為也常屬反文化。

其實次文化提供人們一種選擇，允許人們照著自己的方式生活。也就是採用較適合他們背景與經驗的觀念及信仰，而非照一般社會的標準來生活。但是次文化（尤其是反文化）會成為分隔社會、影響文化整合及導致衝突的力量。

參 文化的結構

每個社會的文化都是有組織、有結構的，有其主要的，也有其次要的，有的結構在一個文化中是非常重要的，在另一個文化中卻不那麼重要。文化結構中最小的單位是文化特質，其次是文化結叢，最大的是文化模式。彭懷真 (1998) 對此做了詳細的解說：

一、文化特質 (cultural trait)

是組成文化的最小單位，可以是物質的或具體的，例如鉛筆、桌子、汽車等；也可以是非物質的或抽象的，例如握手寒暄、靠右邊走、人情味、公德心等。文化特質乃屬於較小的行為表現，不過，有這方面的知識，將更容易了解文化與團體生活之間的關聯，因為這些特質是整個文化的基礎，也因為許多文化特質的匯集可以進一步構成文化結叢。

二、文化結叢 (cultural complex)

是由各種文化特質所組成的，它通常都是以某一文化特質為核心，在功能上與別的文化特質發生關聯，並構成一連串的活動。例如「米結叢」涉及到一連串的農事活動和社會活動，像春耕、夏耘、秋收、冬藏、豐年祭，以及米製品的推廣等。布勞岱 (Fernand Braudel) 就在他的鉅著《15世紀至18世紀的文明和資本主義》中討論到米、麥、玉米三種不同主食所產生的不同文化。又如「耶誕結叢」涉及到一連串的宗教活動、商業活動和社會活動，像裝飾耶誕樹、寄耶誕卡、報佳音、送禮品、吃耶誕大餐和舉辦晚會等。

辦公室有咖啡時間 (the office coffee break)，它除了休息與緩和緊張情緒外，另外有交誼活動的成分在內，可視為咖啡時間結叢。再如近年來也很流行運動結叢中的棒球結叢，包括棒球、球棒和手套、棒球規則以及棒球卡等。

以上這些文化結叢，有的較複雜，有的較簡單，複雜的文化結叢有時就是社會制度。例如一夫一妻制，由它的組成要素看來，它是一種文化結叢；但由它的體制看來，它是一種家庭制度。

三、文化模式 (cultural pattern)

　　係指文化各部門所構成的全形，亦即相關的文化結叢經過有秩序的整理後，所得到的文化全貌。不同的社會有不同的文化模式，因為不同的社會根源於不同的「文化基礎」(cultural base)。全世界顯然有許多不同的文化模式存在，若拿傳統中國固有的文化模式與美國的比較，我國固有的主要特徵是農村經濟、家族主義、祖先崇拜和注重倫理；而美國的主要特徵是資本主義、工商都市社會、個人主義、核心家庭、基督教、民主政治和注重科技。臺灣社會的文化模式，既有傳統中國的影響，又有美國的色彩，較為複雜。文化模式之所以受到社會科學家的密切注意，是因一個社會的文化模式與其生活型態及其成員的人格模式有密切的關係。

 # 第二節　社會化

　　一個人由「生物人」(individual) 轉變為社會人 (person) 的過程，就叫做社會化 (socialization)。一個人由嬰兒成長為男孩或女孩的歷程稱為「性別社會化」(gender socialization)；訓練一個人加入某種職業，稱為「職業社會化」(occupation socialization)；如果加入的領域是需要特別專業技術的，稱為「專業社會化」(profession socialization)。

　　社會化就是把一個自然生物特質的嬰兒，變成一個有社會性的人的過程。剛出生的嬰兒，不能自己站、不能說話、無法自己吃東西、也無法思考，他只能算是自然生物，還沒具備人的特質，必須經由和人的接觸與互動，學習如何安排生活、適應社會，才成為真正的人。我們舉個例子，便會比較清楚。

　　1920 年印度發生過一個真實故事，一位牧師和村人在一處山洞中發現兩位女孩，但她們用四肢在地上爬行、關節處長滿厚繭、喜歡吃生肉、並

用嘴巴直接叼起食物、發出狼叫聲、不會說人類的語言，一切行動就像狼一樣。

從這個例子裡，我們可以清楚看到社會和環境的影響力。如果人類被狼所收養，一切行為舉止就會像狼一樣，我們並非一出生就可算是一個真正的「人類」，必須經由學習，才能成為一個真正的人。所以，社會化也是養成個人人格、學習社會規範與期待的一連串過程。

壹 自我與人格的發展

「自我」就是一個人對自己的認識、看法和評價，「人格」就是時常表現在行為上的特徵傾向。人格可定義為「一個人的思想、情感和行為的特有模式，它和另一個人的形式不同，並在不同時間和情境中維持一致。」在把一個自然的人訓練成一個社會能夠接受的人的社會化過程中，牽涉到自我的塑造、訓練與改造，人格也在與人的互動中形成。許多心理學家和社會學家試著以一些觀點，來解釋自我與人格在社會化的過程中如何形成。

一、佛洛依德的三個我

佛洛依德 (Sigmund Freud) 是著名的心理學家，他的人格發展理論是建立在三個「我」上面，分別是本我 (id)、自我 (ego) 與超我 (superego)。

㈠本 我

是人的一種原始慾望，以追求快樂、避免痛苦為原則，希望能馬上得到心理和情緒上的滿足，不會考慮後果是什麼。例如明明知道不唸書會考不好，還是要順從自己的慾望去玩。

㈡自 我

這是人格中理性的部分，漸漸地會去考慮事情的後果，當本我的慾望

出現時，會先預想可能會有什麼後果，而將這樣的慾望壓制下來，所以自我是在本我之上多一層考慮，得到更符合現實的快樂。社會化的目的之一是發展能配合社會要求的自我。我國心理學者黃堅厚指出，自我是人格結構中有組織、有理性、採現實取向的部分，經由知覺、學習等功能，利用現實環境得來的經驗去探求解決問題的途徑。

(三)超　我

是指人學習到了社會規範，了解哪些是社會上認為對的、哪些是不對的，以這些價值觀作為行為的指導原則，成為人格的一部分，依照「道德原則」來運作。超我與良心、理想是密切相關的。

表 2-1　佛洛依德人格結構三方面的相互比較

	本　我	自　我	超　我
性　質	生物的	心理的	社會的
來　源	遺傳、本能	經驗、自我	文化、良心
取　向	過　去	現　在	過　去
意識層次	潛意識	意識及潛意識	意　識
活動原則與目的	快樂原則、取得快感、逃避痛苦、立即的滿足	現實原則、配合現實、辨真偽、安全與妥協	道德原則、表明是非、完美
理　性	無理性	有理性	不合邏輯
實　質	主　觀	客　觀	主　觀

資料來源：黃堅厚，1999，《人格心理學》，頁 57。

佛洛依德認為人在這三種我之間不斷地發展，當本我總是看重原始慾望需要，超我又告訴自己需符合社會規範的要求時，自我就來平衡兩者的需要。

二、顧里的鏡中之我

顧里 (Charles H. Cooley) 是美國的社會學家，他認為人對自我的看法是來自於別人對我的看法，我為什麼會知道自己是一個怎樣的人？這是來自於別人對我的形容。

例如別人一直稱讚自己是聰明、漂亮的，自己也會漸漸認同自己是聰明、漂亮的，而且漸漸變得漂亮了；如果自己被編到放牛班，就會認為自己是笨的。這就叫做鏡我 (looking-glass self)，就像是在鏡子中看到自己一樣。由此看來，鏡我的發展有三個歷程：⑴表現 (presentation)；⑵辨認 (identification) 和⑶主觀解釋 (subjective interpretation)。

鏡我包含三個要素：

1. 我們想像別人眼中的自己（例如我相信別人正在注意我的新髮型）。
2. 我們想像別人對我的看法（例如我相信別人覺得我的髮型很好看）。
3. 我們如何反應別人的看法（例如我想我應該維持我的新髮型）。

三、米德的自我發展論

自我的發展是由「承接角色」(role-taking) 到「扮演角色」(role-playing)，漸漸有了符合社會期待的自我。這是米德 (George H. Mead) 的分析，他是美國芝加哥大學的教授，認為自我是經由學習和模仿而來的，而且模仿的對象是對自己最有影響力的一小群人，例如父母、兄弟姐妹、同學、老師、好友，這些人稱做「重要他人」(significant others)；另一群人則是「普通他人」(general others)，表示社會大眾的一般反應。

米德認為自我的形成有三個過程：

㈠準備階段 (preparatory stage)

這個階段大約是 2 歲到 3 歲之間，小孩模仿大人的行為，例如拿著與

吸塵器相像的某個東西，模仿父母清潔地板的動作，但他並不知道這些動作是什麼意思。

㈡遊戲階段 (play stage)

這個階段大約發生在 4 歲到 8 歲之間，小孩開始扮演別人的角色，在角色和角色之間的對話中，小孩可以學到角色裡的行為，例如扮家家酒，模仿爸爸對小孩子說話，一下子又換成小孩子的角色，這時候是開始建立自我的階段。

㈢團體遊戲階段 (game stage)

從 8 歲之後，人開始學習到自己的行為是需要配合其他人、符合社會規則，不但要扮演好自己的角色，也要懂得他人角色的重要性。例如打籃球要知道自己在哪一個攻守位置，也要知道下一步該將球傳給誰，才能打好一場球賽，而且在比賽之前，就要知道球賽的規則，這就好比在團體之中，我們需要學習正式的社會規範，才能扮演好自己的角色。

四、艾瑞克森的八大發展階段

艾瑞克森 (Erik H. Erikson) 是一位社會心理學家，他主張終生的發展理論，每一階段都有要學習和發展的重點，如果其中任何一個時期沒有完成發展任務，個人的成長就會產生危機。

㈠嬰兒期（出生到 1 歲，基本信任／不信任）

人在嬰兒期時，是完全依靠別人求生存的，對周遭環境只能依據別人來了解，所以假如別人給他溫暖和關懷，他就會覺得這個世界是可以信任的；但如果別人虐待他，他就會覺得這個世界是不能信任的。

㈡幼兒期（2～3 歲，自動／羞恥感與懷疑）

這個時候小孩子開始學習處理自己的事情，例如自己上廁所，如果不能學習自己控制大小便，就會對自己感到懷疑，而且有羞恥的感覺；但如果做得好，就會學到成功的經驗，產生自主的感覺。

㈢遊戲期（4～5 歲，自主自發／有罪惡感）

這個時期孩子開始有嘗試新奇事物的慾望，這時他的主動感或內疚感取決於大人對他的自我創造的反應，如果他所提出的問題或所做的動作能得到別人的贊同，就能發展主動的心理，也較有自信；但如果被人家嘲笑，就可能會產生做錯事的內疚感和罪惡感。

㈣學齡期（6～12 歲，勤勉／自卑）

這時已經進入小學階段，開始想知道事情是怎麼發生、要怎麼做，如果這時候大人能加以鼓勵孩子自己去動腦筋、去完成它，就能促進孩子上進的心理；反過來，如果對孩子的想法給予否定，認為只不過是惡作劇，就會令孩子產生自卑感。

㈤少年期（13～20 歲，自我定位／角色混淆）

這個階段的生理、心理都是發展快速的時期，而且進入中學之後所接觸到的人逐漸增加，自己的角色也變多了，可能多了在社團中的角色，或因工讀也有了職員的角色，此時不僅學習新的角色，又要面對自己的人生新發展，所以對自己是什麼、到底要認同哪些角色，也會開始重新思考，好為進入青年期做準備。

㈥青年期（21～34 歲，親密關係／疏離）

這個階段會發展出愛人的能力，及組成自己的家庭的需要，愛一個人但又不會完全被影響或控制，才能發展出親密感，如果完全被影響和控制，反而容易有孤獨感，因為時時刻刻都需要人陪伴，所以在這個階段是要學習如何和人建立親密的感覺。

㈦中年期（35～64 歲，生產、養育／萎縮）

在這個階段中，家庭或事業都經歷創造階段，而且在孩子長大、成家之後，事業也呈現穩定、停滯的情況，注意力比較會放在孩子身上，但如果是沒有生養小孩的人，他們的注意力就比較會放在自己身上。

㈧老年期（65 歲以上，統整／失望）

到了老年期，會對這一輩子做一些回憶和評價，如果覺得不枉此生，會認為生命過得完整；但如果覺得這輩子有太多遺憾，卻已沒有機會彌補，就可能產生絕望的感覺。

貳　社會化的機構與過程

一個人從出生開始，最早接觸到的是自己的家庭，然後逐漸擴大到學校、同輩朋友、社會，所以社會化的主要機構有家庭、學校、同輩團體、大眾傳播媒體，而職業團體對職業社會化的影響最大。社會化也就是隨著這些過程而形成。

一、家　庭

家庭是人格的孕育場所，在出生到進入學校之前，小孩最先學習到的就是父母的行為，父母教給自己的想法、示範了各種情感的表達，與兄弟

姐妹、其他親人的互動，都是學習與模仿的對象。

例如父母給予孩子體貼和關心，孩子會有愛的感覺，但如果孩子得不到體貼和關心，孩子就不會順從父母，因為不會有好的回應，相反地可能用不聽話、搗蛋來引起父母的關心。這就是學習行為的方式、情感的表達。父母對孩子的社會化可分為較不好的「壓抑式」和較理想的「參與式」，在表 2–2 中有所比較。

表 2–2　社會化的兩種模式

壓抑式	參與式
惡行即罰	善行即賞
物質報酬與懲罰	象徵式的報酬與懲罰
子女服從	子女自主
非語言溝通	語言溝通
溝通即命令	溝通即互動
成人本位的社會化	子女本位的社會化
成人希望的子女知覺	子女希望的成人知覺

資料來源：張承漢譯，1993，《社會學》，頁 121。原著 Leonard Broom, Charles M. Bonjean, Dorothy H. Broom。

哲學家洛克 (John Locke) 指出，新生兒宛如一張「白紙」，最初的經驗將留下難以抹滅的痕跡，以及前面提到顧里所說的鏡我，都是在說明我們在出生之前沒有任何社會化的經驗，而且還沒有分辨的能力，多半只能照單全收，也因此可以說家庭是具有壓倒性影響力的社會化媒介。

二、學　校

社會學家涂爾幹說，學校是家庭與社會的中途站。家庭講究的是個人的私情，在家庭中學到的行為方式不見得適合社會，而學校就像一個小型

的社會，必須學習如何和來自不同家庭的人相處，讓大家了解社會的規範、價值，所以學校是個人從家庭進入到社會之間的一個社會化機構。

派深思 (Talcott Parsons) 認為學校有社會化和選擇兩大功能，可提供正式教育和正式規範，對人格的影響很大，是正式的社會化媒介。

三、同輩團體

同輩團體是年齡或地位相似者的結合，例如朋友、同學、同事等團體。同輩團體可能發生在人的每一發展階段，在兒童期、青少年期、成人期都會產生。兒童期時同輩團體可能是學校中或鄰居的玩伴，青少年期最常接觸的也是同學、同齡朋友，到了成人期就依照職業、收入、社會地位選擇同輩團體。同輩團體對人的行為、觀念、價值有引導性的作用。

同輩團體對青少年特別重要，也是一個人由家庭到社會中的主要影響力量，它的主要功能有五：

1. 發揮成員的想像力，擴展其經驗世界。
2. 拓展成員的友誼圈，使其了解互助合作的價值，及權利義務的關係。
3. 加強人際關係的觀念，並增進其領導和被領導的能力。
4. 養成基本的技能、態度與興趣。
5. 滿足個人在生理、心理、社會各方面的需要。

四、大眾傳播媒體

電視、廣播、雜誌、報紙、廣告、電影、視聽音樂、網際網路等傳播媒體，對現代社會的影響非常大，因為這些傳播媒體傳遞消息快速、即時，且隨處可得，兼具影像、聲音，將所要傳達的消息表現得淋漓盡致，所以，人經常在不知不覺中被這些媒體所影響，逐漸形成對某件事物的看法。例如哪位明星或公眾人物經常在媒體上傳緋聞或製造新聞，我們可能會認為他是濫情的，這些印象的形成可能都只是來自片面的消息，但卻造成深刻

的印象。這就是大眾傳播媒體的影響力，在其中人們也學到「通俗文化」 (popular culture) 的內容。

因為現在的傳播媒體種類相當多，傳達的內容也很多，且人們接收很方便，易造成快速吸收的現象，所以在媒體上所傳遞的想法和訊息對整個社會的社會化影響也是很快的，個人在這個社會中不自覺也隨著媒體所傳達的意念、價值觀而漸漸社會化。

 # 第三節　社會規範與社會偏差

翻開報紙、打開電視，我們常會見到許多駭人聽聞的新聞：殺人、恐嚇、超商搶案、色狼出沒等。讓我們自己、我們的家庭、我們的社會都感受到了許多問題的存在。這些問題圍繞著我們，帶來困擾與壓力，使生活陷入不安，甚至對於治安和社會規範失望，對陌生人的信任降低，不敢一個人在黑夜的巷弄裡行走。

這些危害治安的案件，並不只是單純地對個人產生困擾，而是讓整個社會都感到不安，因此我們稱之為社會問題。一個社會現象是否為社會問題，取決於問題與困擾的重要性與影響力。例如一個人兩天忘了帶傘、出門沒趕上公車、和男朋友吵架，這些雖然也會帶來困擾，但其影響不大，屬於私人問題，不需要像前面所提的案件要靠許多人來解決，所以不能稱作社會問題。反之，像青少年吸毒、殺人事件，對社會造成巨大的傷害與恐慌，需要靠眾人的力量來解決，就是社會問題了。

什麼樣的行為會引起社會問題？社會靠什麼來判斷問題的重要性與影響力？社會又是如何對各種問題加以控制？這時就需要了解社會規範與社會偏差，明白其建構的意義與過程。

壹 社會問題的解釋

關心社會問題的人很多，每個人也有不同的立場與想法。而對社會問題做系統的研究者，還是以社會學家為多。一百多年來，社會學者對社會問題分別扮演了研究問題、提出理論的解釋、把問題告訴大眾、批評產生問題的原因、研擬問題的處理（或解決）對策等角色，提供了關心社會問題的人許多思考的方向，而這些思考方向，對於我們討論偏差行為和社會問題有很大的幫助。因此，在這裡先做一個簡單的介紹。

研究社會問題思潮與發展的學者，把近百年來的社會問題研究分為五個主要學說：

一、社會病理說

第一個階段，從 1905 至 1918 年，是一個對社會問題打基礎的階段，這個時期社會學本身的發展才剛有雛型，對社會問題的重視與研究還不是很成熟。當時，是以涂爾幹的思想為領導學說，涂氏認為社會是一個有機體，有機體會有病態，就需要診斷和治療，因此他提出「社會病理」(social pathology) 的概念。病態是一種問題，社會學家必須注意這些問題，而不是把自己的眼光侷限在社會的常態上。涂氏同時認為：病態本來是針對某種社會情境的解釋，它會因時因地不同，此時此地的病態現象可能幾十年後成為調適很好的部分。涂氏的看法，著名的社會學者史賓塞早就有類似的解釋。史賓塞將人類比喻成一有機體，各部分不僅緊密結合，同時也是相互作用、互為影響的一個整體。

社會病理說將社會問題歸咎於有問題的個人，忽視了整個社會結構的影響力，是它第一個缺點。第二個缺點是病態解釋的絕對觀念，此觀念今日已遭受挑戰或作修正，由於文化相對論觀念的產生與盛行，更使人們認清一種病態現象即為社會問題，或是必須設法剷除的觀點，是有再探討的

必要。第三，人們已了解到一種現象是常態或病態，是指針對某種特定社會構造而言。適合於該社會結構，可被該社會所接納的就是常態，不適合的即為病態。社會學家固然有時可依據社會中「正常」(normal) 的現象來決定何者是健康的、何者是不健康的；但是，反對此論點的學者指出，一味去追求所謂「正常」的事物，對人類社會而言，會使文化過於單調。

二、社會解組說

第二個階段是從 1918 至 1935 年，這個階段大致已經為社會問題的研究建立了一個科學性的方法，當時最主要的學派是「社會解組說」(social disorganization)。

社會解組說和偏差行為說是社會問題中最重要的兩個解釋，甚至美國學者尼斯比 (Robert Nisbet) 就認為，多數的社會問題都可歸為這兩種中之一種。社會解組說把社會問題歸咎於社會結構的病態而非病態的個人，它特別強調社會的規則或規範若產生了紊亂，就會產生社會問題，而社會的規則常常會被文化衝突和缺乏規範等情況所困擾。此時，社會須重新調整，創建新的規範，對各種組織加以重新組合，以維持社會的正常運作。

與社會病理說不同的是：社會解組說較少注意個別的態度，且所提出解決問題的方法，亦不僅從個人道德規範的重整來考慮，而較偏重於社會結構的觀點來研析社會問題。在此前提下，假如人們某些行為是不符合規範或不正常者，由社會解組的觀點來解釋，則認為其之所以如此，錯不在人們本身，而係由於社會中沒有足夠的規則來引導。

此說的最大優點在於強調社會有組織性及聯繫性，它注意到動態的社會過程，以此探究社會問題的來源。但也有其缺點，事實上，由於社會解組有程度之別，有的很嚴重，有的很輕微；且由於社會問題的產生，實際上並非全源自於社會解組，在社會組織嚴密的情況下亦同樣有社會問題的存在，而且對於個人的病態行為也缺乏合理解釋。

三、價值衝突說

從 1925 至 1954 年，對社會問題的思考已經逐漸完整，能夠把有關的理論、研究和應用相結合，其實用性與解釋力都較以往進步，而且比社會解組說更著重把社會視為一動態的組合，這階段的主流是價值衝突說 (value conflict)。

什麼樣的情況才是社會問題？各人基於自己的立場當然會有不同的看法，這些看法是基於個人對行為思考的價值不同。「主觀價值判斷的衝突」是這一派學者對社會問題的解釋立場，例如勞方和資方的利益總會有所衝突，雙方對價值的判定必定不一致，有勞資問題是很自然的演變。

價值衝突說假設衝突是不可避免的，是必然而非偶然的，這是社會學主流──功能論者所不能同意的。功能論大師派深思就認為衝突是可以避免的，而且社會應強調平衡。研究社會問題的大師墨頓 (Robert K. Merton) 也主張社會應該利用方法減少衝突，而不應該一味強調衝突。但價值衝突說認為：「解組」本身並不是壞事，不同團體的利益難免有所衝突。

四、偏差行為

從 1954 年至今，偏差行為說非常受重視，試想：每個人眼中如果沒有父母，家庭就失去秩序；沒有法律，這個社會的家庭制度與治安還能維持嗎？所以一個人或一群人不遵守社會規範時，他們就成為社會所要加以管束或糾正的對象，他們所做的違反規範的行為被稱為偏差行為 (deviant behavior)，這些人常被稱為偏差者 (deviants)。

首先，對偏差有關的一些概念應予區分：

㈠偏差習性 (deviant habit)

指社會所不贊同或認可的習慣、嗜好，例如吸毒、酗酒、賭博。

㈡偏差心理 (deviant psychology)

主要指罹患心理或精神疾病者，這些人無法和他人做有效的溝通，無法扮演正常的角色，例如精神分裂症、身心症。也可廣泛指在心理上有比較嚴重的偏差，出現一些社會所不認同的現象，例如男性有收集女性內衣的習慣等。

㈢偏差文化 (deviant culture)

指與社會正規的主流文化所不同的文化，有的是次文化或反文化，例如嬉皮、幫派文化。

㈣偏差行動 (deviant act)

指必須用具體、明顯的行動才能完成的偏差行為，主要有三種：犯罪、性偏差、自殺。

偏差行為所涉及的範圍很廣，有些是很嚴重的犯法行為，例如販毒與搶劫，這些會形成社會問題；而有些則較輕微，例如一個人穿著奇裝異服，讓人覺得很怪。由此可知，偏差行為也不一定是破壞性的行為，它可能只是與眾不同的行為。

一項行為是否是偏差行為，事實上並無一定標準。要靠一個社會所屬的社會群體來決定，行為本身並不具備偏差犯罪的本質。以殺人為例，在所有社會中都是最嚴重的罪行，但如果是在戰場上殺敵人反而是一件功勳事蹟。所以要考慮一個行為是否是偏差行為時，不可忽略三因素：時間性、地域性，以及人的因素。

五、標籤理論

人們對罐頭、對食品貼上標籤，使其他人一看到這東西的外表就知道

它是什麼。有時標籤可能貼錯了，但是一般人還是按著標籤去認定這個東西，往往不深究其中到底是什麼。

對一些有特別行為表現的人，我們何嘗不是如此呢？人們很習慣對一些自己不喜歡，或僅僅是不習慣的行為加以排斥，甚至認為那就是不正常的。有時很容易就輕率地對表現這些行為的人貼上標籤，認定對方是偏差的、有問題的，甚至是需要被囚禁處罰的。

美國許多的研究都發現：黑人的犯罪率高，低社會階層的人容易有偏差行為。是不是這些人真的就一定不好，一定會行事不正？倒也未必，可能是他們的行為舉止，本來就是中上階級或是所謂的衛道之士所不習慣的，因此很容易就被認為大有問題，也就被貼上了標籤。

綜合而言，標籤理論可以說是一種探討社會問題定義的問題研究。它重視三項事件的探討，一為「誰來對問題下定義」，是社會上的優勢團體和既得利益者嗎？二為「何種情境下，人們或某種情境會被界定為有問題」，以及第三「標籤後的結果」。

林默德 (Edwin Lemert) 把偏差分為「初級偏差」和「次級偏差」，前者指一個人做出偏差的行為，但其他時間是守法的公民；後者則是行為已被公開辨認，貼上了標籤，他的角色已成為「越軌者」，因而難以翻身。所以，不應該隨便把偶爾犯錯的人貼標籤，如此會陷他們於困境。

貳　社會控制：社會規範的執行

任何一個社會若任由偏差毫無拘束地擴散，則該社會的規範與價值將可能崩潰，這些規範和價值不但是社會的基礎，也是許多人權益之所在。就像人類社會為了維護傳統道德規範，運用各種機構、各種方法以懲罰違反法律道德的行為，並防患於未然。社會控制確保社會規範的遵行與社會的整合。所以在每一個社會裡，人們都深受各式各樣的社會控制。

所謂社會控制 (social control)，是指用來支持社會及制止對規範實際

或潛在破壞的機制。社會控制包含了管理個人和團體行為的權力，包括強制力，其高可至憲法，低至校規也包含在內。從標籤理論的角度，偏差是社會控制的結果。社會團體經由制定規則而界定偏差，違反規則被界定為偏差者。按此概念來看，有規則或正當行為的存在，就有不正當行為的可能。

換句話說，不正當行為是相對於正當行為的。像是界定用功讀書才是好學生；相對地，不用功讀書被界定為壞學生。也就是說，一個行為被界定為偏差，首先要假定有規範的存在，因此社會學在討論控制的時候，必須提出下列問題：誰控制誰？用何種方式？在何種情況下？為了何種理由？社會控制是藉由以下的方式來進行：

一、社會化（內化）

大多數社會控制方式是自制，也就是不假手他人而節制自己的行為。社會化本來就是一個訓練教育的過程，在社會化過程裡，人們把社會規範內化 (internalized) 到人格裡，成為生活中重要的指導原則，知道哪些行為是可以做的、哪些行為是不可以做的，以及在做的時候該如何做，避免做出社會不允許的行為，教育特別具有這樣的功能。

我們一直都處在社會化的情況中，而以兒童時期特別強烈，倘若這時所遭遇的人際關係並不理想，或父母教導不當，則很可能會影響到他以後表現出偏差行為。因為不適當的社會化是造成偏差行為的原因。反之，社會化的成功，會使一個人繼續遵守社會規範，甚至在該規範業已改變條件時，仍堅守不移。例如孝順是我國一項重要的社會價值，因而撫養老年父母是一項普遍的義務，儘管老年父母有自己的儲蓄或有能力養活自己，仍舊要奉養父母，以盡孝道。

孝順父母是一種經由社會化得到的價值觀，也是一種強烈的控制機能。它就像我們日常生活所說的良心。例如日常生活中，我們會說：「我的良心

驅使我……」、「我的良心不允許我……」，實際上我們是在說：因為我已經
有了有關規範的是非概念，我必須允許或不允許自己做某事。因此，當規
範內化於個人時，我們就會產生一種理所當然的感覺，而鼓勵或禁止去做
某些行為。

二、非正式的壓力

經由每日生活中的人類互動產生的制裁，可以從言談表情中隨時得到
各種對偏差的控制。例如人們常用蹙眉、嘲弄、冷眼瞪視、言語或身體上
的威脅等來糾正不適當的行為。相反的，熱情的鼓掌、友善的微笑、言詞
上的讚美等，有正面的鼓勵與讚賞功能。

非正式壓力中最常見的是同輩團體的壓力，特別是在青少年時期。有
許多青少年之所以做出偏差行為，是希望得到其他同輩團體成員的接納。
因此青少年偏差行為很少是一個人單獨做的，而是由年齡相同的一群人共
同做的。同樣的，同輩團體的行為影響力既然不算弱，則透過同輩團體的
壓力也可以使偏差者改正。

有些人不聽父母和師長的教訓，朋友的勸說反而有效，就是同輩團體
影響力的運用。因此，同輩團體和其他非正式團體的壓力也是很重要的社
會控制方式。郭夫門 (Erving Goffman) 發現非正式控制經常採用下列方式：

㈠儀式交換 (ritual exchanges)

「表現好就有獎勵」，使日常行為順利地進行，並且符合期望。以日常
生活為例，在與人對話時，一方面使可能的誤會減至最低，故人們總是盡
量避免對話中斷、專心聽講、抑制無理的打岔、控制情緒的流露，及機智
的結束談話等。另一方面，人們也預備某些動作來應付談話中的突發事件，
若得罪人要說抱歉。這些作法雙方都感到社會秩序就在這種儀式交換的過
程中運作不已。

㈡困窘尷尬 (embarrassment)

「表現不好被排斥」會令人感到不舒服,因而使人產生強烈動機去克制行為,以免引起社會的反對而再受困窘。

㈢標籤壓力 (labeling)

給人貼標籤,以被貼標籤者不能獲得他人的認同等方式來約束、懲罰。

㈣不順從 (nonconformity)

不順從會招致非正式處罰,人們會對其反對或歧視。郭夫門認為,非正式社會控制符合一項基本的社會需要,亦即人們能夠預期他人的行為。例如角色所衍生的義務和期望,可以達到這個目的。當一個人擔任某一特殊角色時,他就有義務遵守有關的規則,而別人也期望他能遵守這些規則。在互惠角色關係中,當規則遭破壞時,當事人雙方都會受到懷疑,所以遵守規則對雙方都有好處。

非正式制裁有其效果,但也有其缺陷。第一,以這種制裁遏阻偏差行為,其效果相當有限,偏差者未必真正了解到它是一種處罰。第二,私人感情、社會地位及團體的團結情緒,會進入非正式的情境。缺乏應用制裁的慾望及執行的權力,會阻礙社會控制的運作。例如一位學生發現他的好友在考試時作弊,他可能基於道德理由指責好友,卻不向學校報告,因為他害怕因此傷害到他們的友誼,更怕受到朋友的指責。

三、正式的控制與賞罰

有時,團體組織會制定正式的規則,如此人們就知道標準和界限在哪裡,可以照著去做,以獎賞和懲罰最常見。獎賞是對於遵守社會規範者給予物質金錢或聲譽上的報酬;懲罰則是針對偏差者的管束,可能是有形的,

也可能是無形的。例如學校對合乎其期望的學生予以鼓勵，頒發獎品獎狀；對不遵守校規的學生則責備記過。

　　社會上也是，政府為了促使人們遵守社會規範和價值，也會運用各種手段，成立各種機構，例如警察局、法院、監獄、少年矯正學校、煙毒勒戒中心和收容所等，這些控制都具有強制性。

》》 摘要

　　文化的發生和變動都是社會的產物，它表現出人們在求生存過程中的奮鬥成果。文化是生動的、全面的、有生命力的，但也有些是保守的。文化有各種產物，包含了物質和非物質；文化中有規範，例如民俗、民德、法律；文化也包括了語言、文字、思想和觀念。某一人口群可能形成「次文化」或「反文化」，表現出與整體文化不同的形式。

　　社會化則是促使文化「內化」在個人心中與生活中的力量，使個人成為「社會人」。社會也以各種控制的手段執行社會規範，並對違反規範的人進行控制與處罰，而這些人所做的違反社會規範的行為，稱之為「偏差行為」。

》》 習題

■選擇題

(　　) 1.下列何者屬於物質文化？　(A)語言　(B)價值觀　(C)風俗　(D)建築物

(　　) 2.在佛洛依德「三個我」的理論中，哪一種我的運作是依據道德原則？　(A)本我　(B)自我　(C)超我　(D)鏡我

(　　) 3.一個人最早接觸到的社會化機構為何？　(A)家庭　(B)學校　(C)同輩團體　(D)大眾傳播媒體

(　　) 4.下列何者屬於非制度化的規範文化？　(A)信仰與價值　(B)民俗與民德　(C)法律與命令　(D)獎勵與懲罰

■是非題

(　　) 1.世界上所有的文化中不存在共同性。

（　）2.一個人由「社會人」轉變為「生物人」的過程，稱為社會化。

（　）3.標籤理論將偏差分為初級偏差與次級偏差。

（　）4.次文化與主流文化截然不同。

■問答題

1. 文化是如何影響你的人格與生活？你可以從食、衣、住、行方面各舉一個例子嗎？

2. 作為一個都市裡的中學生和一個住在原住民鄉的中學生有什麼最主要的文化差異？

3. 社會化機構最重要的有哪些？各自對你的性別角色養成產生什麼影響？

4. 什麼是偏差？社會為什麼要界定某些行為是偏差的？

社會互動與社會組織

學習要點

1. 從微視社會學的各個不同觀點了解社會互動，分析人際間的運作狀況。

2. 從鉅視社會學的各個不同角度了解社會組織，說明何以現代社會是組織社會，而現代人為何多是組織人。

本章討論的重點在於人際之間關係的網路。在討論社會關係時，依著眼點層次的不同，可以把社會區分為「微視」(micro)、「中視」（或稱中距，mezzo）與「鉅視」(macro) 三類。不過，以微視與鉅視的觀點較為常用，以下扼要說明：

一、微 視

「微視」係由人類互動的小規模角色去觀察，像是從近距離去看人類行為，去研究日常生活中面對面的互動以及群體中的行為，例如一個班級中的人際互動關係，又如家庭裡家人之間的互動關係；也研究人們如何看待自己、如何與鄰近的人相處。

二、鉅 視

「鉅視」是由大規模的角度去處理結構等問題，其著眼的範圍更廣，可能超出日常生活的經驗範圍，是由無數的社會成員以有脈絡可循的活動累積起來的。大規模的結構又會在無形中引導其成員的行為，像是整個教育制度、經濟制度等。

微視和鉅視可以看做一個銅板的兩面，任何一部分都不能缺少，也不能單獨存在。 像是新聞報導經濟不景氣，所影響到的是整個社會上所有的人，以社會學的分析，其問題是屬於鉅視的範圍；但如果這不景氣只影響到我們家人失業，這樣的變化和影響就是屬於微視面了。

我們生活在社會上，每一個人都無法自給自足或自生自滅，每個人都與自己居住的環境和世界發生不斷而緊密的接觸。本章將兼採微視與鉅視的觀點了解我們所處的社會，其社會互動 (social interaction) 的意義與類型和社會組織 (social organization) 的內容。其中社會互動主要是「微視」的思考，而社會組織主要是「鉅視」的探究，社會團體則是介乎「微視」與「鉅視」，兼具兩者的部分性質。

第一節　社會互動的意義與類型

壹　社會互動的意義

　　人類社會的建立並不是像其他動物是由生物本能所構成的，而是基於文化，也就是像知識、信仰、美術、道德、法律、風俗，以及其他能力與習慣的整體。因此互動——一種使人們相互聯繫的過程和方式，具有重要的意義。許多動物的生活，從出生起就被其本能所限制；但人類生活並非受本能的支配，而是由互動所產生，受到互動模式所影響的。

　　任何人如果要投入社會的各種組織當中，必須有意識地與他人積極建立互動關係；就像交新朋友或認識新同學、參加社團，主動與原本不認識且沒有關聯的人群建立關係。因此，了解社會互動將幫助我們在日常生活上與他人合作，能夠正確分辨與預期他人的反應。

　　互動是文化與人類組織的基礎。如果沒有互動，我們都將是一個個孤獨且毫無生氣的人；唯有從互動中建立起組織與文化，人類才能不斷地創造新的社會，並將其維持與改進。

貳　社會互動的形成

　　任何人都是從出生不久後就開始學習互動。嬰兒把他的需要經由哭叫傳給父母，父母經由擁抱、安慰、餵食或換尿布等動作與嬰兒互動。子女與父母的這種相互影響開始了人的互動生活。小孩子隨著成長，感官能力加強，溝通能力也改進，他們就更有能力來表達他們的需要、慾望和意圖，可以促使與其接觸的人有所了解，因而能夠採取適當的反應。他們慢慢開始去學習以互惠的方式來行動，使彼此都能獲得更大的利益，彼此的了解也越深。

人類既是群居的動物，就需相互依賴並共同生活。互動會決定人們受到何種待遇，會限制人們所能做的事，使人們滿足或失望，使生活充滿快樂與成功，或悲傷與失敗；也就是說互動的好壞會直接影響生活的品質。

參 社會互動的連帶

互動是小規模的社會環境中最重要的人類聯繫，不僅因為互動對個人的意義重大，而且在微視層次上的種種互動，將會影響到全社會鉅視層次上的狀態，例如家庭內生活型態的改變，會反映在離婚率、婦女就業人數，甚至社會經濟狀態上。由於人們互動時，會產生一種連帶關係，把社會結合在一起。當連帶關係擴展、加強與持續時，社會及其文化模式就趨向於穩定，人們因而知道在人際關係中如何行為較恰當，也知道按照社會組織的價值行動。

社會本身就是由社會互動所建立、維持與修正；如果缺乏互動，文化也不可能產生。個人在這之中不斷地影響社會與文化，而社會、文化也影響個人。社會的形成有賴互動，互動的進行也有賴個人。個人為了參與社會、滿足需要，也必須依賴於互動。這是一種基本過程，而且是了解人類社會的核心所在。

一、符號互動論 (symbolic interactionism)

何謂符號？「符號」是社會生活的根基，代表某種意義或能表示其他事物的任何物體、手勢、聲音、顏色或設計。因為別人不能直接接觸到我們的思想及感覺，必須先轉換為符號（如文字、手勢、臉部表情），然後能由他人加以了解，腦海中的思考也是透過符號才能達成。這種符號溝通的主要過程，稱之為符號互動。社會學理論中有「符號互動論」，強調互動過程中，個人對符號的選擇解釋以及反應的動態特質。

要了解互動論微觀的層次，需要先知道何種經驗對人有意義。每個人

在社會中，必須使自己的行為配合其他成員行動，就像我們在學校一定會考慮老師和其他同學一般。人類是如何進行互動和保持長久的人際關係的？符號互動論者認為：人對於各種事物都給予定義，並以符號把這些意義傳給他人。接下來介紹符號互動論的三個關鍵觀念：

㈠情境定義 (definition of the situation)

人們經常會不斷估量眼前情況，從中發現自己所處的位置，然後加以定義，並在心中考慮各種不同的行動。舉例來說，微笑這個舉動，在不同的情況下會有不同的解釋。假設你和朋友在街上相遇，那麼微笑可能是一種打招呼的方式，但如果出現在聊天談話的狀態下，微笑就有些許贊同的意味。

一個人在採取行動前，會有意無意地考慮各種行動方案，任何人的所作所為都是根據情境定義。我們的行為，並不來自某物體或某事件的本身，而是對這些物體或事件的意義。因此當你與你厭惡的人談話時，對方可能還沒有開口，說出來的話也不一定會讓人厭惡，可是你就預先假定對方說出來的話都不順耳，而想要遠離。這就是為什麼有些人你看到就煩，而情人眼裡會出西施的原因了。從客觀的角度來衡量，這些感覺並不一定正確，但大多數人都視其為理所當然。

㈡建構現實 (constructed reality)

「湯瑪士定理」(Thomas principle) 指出如果人們把情境定義為真實，這個情境的結果也會變成真實。我們從周圍的環境中，不斷取得訊息，並透過社會定義，使這個訊息易於了解。符號互動論把這種過程稱為「建構事實」。就像我們會不斷從廣播、電視、網路、雜誌上獲得一些新的資訊，若把這些資訊定義為流行的，又將流行的東西定義為該追逐的，就真的會去追趕所謂的流行。換言之，一旦給一個情境定義，這個定義不但會決定

我們的行為，也會決定行為的結果。

這與前一章所提社會偏差的標籤理論也有關係，若是一個人被社會大眾界定為犯罪者，他很可能就不斷地受到排斥與阻礙，自己也易喪失自信心。一個智能正常的學生，若老是被老師、同學叫白癡，也會懷疑自己的能力，因而不易發揮正常表現。

三協商的互動和秩序

人所面對的世界是充滿未知與不確定性的，周遭的狀況隨時都在改變，人必須隨著改變自己的情境定義。在這之中充滿試驗性，人會不斷根據他人的反應來修正自己的行為。我們透過這樣不斷試驗的過程，對待不同的人會有不同的態度與談話模式；像是知道對老師不禮貌會被責備，而對同學則可以不用太拘束。這樣的過程不知不覺就形成了一種秩序；而符號互動論注重的是人們不斷從事各樣的行為，並且考慮、拒絕和選擇這些行為，以便調和人與人之間的互動關係。接下來的戲劇論，所著重的是互動所形成的秩序，也就是討論這些行為背後的骨架。

二、戲劇論 (dramaturgy)

社會學家郭夫門從戲劇表演的觀點來看社會互動，稱為「戲劇論」。生活可看成一個舞臺，每一個人在舞臺上扮演互動角色，而每個人既是演員又是觀眾；一個人在演出時，希望得到他人的讚賞和鼓勵；因此，社會生活是由影響他人對我們的印象所組成的；這樣的理論，很像俗話所說的「人生如戲，戲如人生」。

一印象處理 (impression management)

人們都很在乎別人對自己言行的評論是讚賞或是貶損。在彼此面對面的關係當中，每一個人都會不斷地觀察別人的身分、背景、工作，而別人

也同樣地觀察他；每個人都很想要影響別人對他的印象。人們通常都只公開對自己有利的部分，而隱藏不利的部分。例如和情人約會的時候，會表現出最好的一面。當人們採取行動以使別人對自己產生好印象，如運用注目、手勢、姿態和言詞的陳述等，其中包含一些技巧，用來操縱別人對自己的印象，稱為「印象處理」。

㈡場地 (region)

印象處理的方式之一是場地的布置，有「前臺」和「後臺」之分。人們在前臺的表現往往和後臺很不相同，像是我們在學校面對同學和老師，和在家裡面對家人和自己，可能會表現出不同的行為，很少人是不分時間、空間，始終表裡如一的。

三、社會交換理論 (social exchange theory)

社會交換理論有如社會學中的經濟學，把互動描述成一種精打細算的互惠交易，假設人們總是想增加獲得而減少付出。這個理論把社會生活視為一個市場，人們不只在其中做經濟的交換而已，還包括了愛情、承認、安全、贊成，和其他可令人滿足的事物的交換。人們是為了自己而做決定，並採取行動的。這理論的缺點在於把人性描述得過於理性和個人化。

四、俗民論 (ethnomethodology)

俗民論是一種觀點、一組檢查的程序，可用來發現一些人們使日常生活經驗合理化的藉口。有一位社會學家要他的學生從事一項實驗：學生回到家後在十五分鐘到一小時之間，對其父母恭敬如儀、彬彬有禮，猶如初次見面相識，並以正式稱謂稱呼之，如先生、女士。結果呢？大多數父母惱怒不已，並問道：「你瘋了？」「你如此恭敬，到底有什麼企圖？」有相當多的父母憤怒與不解。

　　這是什麼原因呢？社會學者指出：人們通常以定型而連續的方式體驗社會生活。例如有固定的生活習慣，又如對待他人的模式。還有將時間分為平日和週末，週末通常不工作。交通工具通常在早晨湧進都市，傍晚時分又回到市郊，因而造成固定的塞車。我們會發現人們日常的互動似乎是依著習慣而行，若違背就會產生很奇怪的感覺。

　　這種習慣就是在人類社會中不言而喻的規則，這規則是從每天生活的過程中產生的。人們會把這些規則當作是「常識」來遵守，且必須要遵守，像是對待家人有對待家人的方式、對待外人有對待外人的方式，若不遵守就會受到社會的制約，像是父母的管教等。

肆 社會互動的類型

　　互動論注意人和人之間的相處，互動是個人面對情境的抉擇，了解人如何經由團體生活而發展社會性是相當重要的觀察。互動分為合作或對立，以下扼要說明：

一、合　作

　　什麼是合作？哪些行為算是合作？仔細想一想，合作的範圍很廣，包括與朋友一起遊戲、討論事情、協力參加比賽等。簡單說，我們都活在需要合作的社會中。最基本的合作行為可能發生於兩個人之間，和他們一起工作以達成共同目標。雖然有些社會強調競爭而非合作，但合作及其相關的價值仍普及在所有社會之中，因為團體或社會如果沒有某種程度的合作行為是不可能存在的。社會運作的本質就是沒有一個人能夠單獨地滿足自己的需要，而需要與他人一同合作。

　　合作可分為三類，包括非正式合作、正式合作和共生合作。

㈠非正式合作 (informal cooperation)

又稱為互助，它表現在親人、朋友或社區之中，因為這些親人、朋友、社區在日常生活中就包含了成員的互助。非正式合作是自發性的，而不是契約上的義務，很少受到傳統、規範或命令式的規定，而是在人類有親密結合的時候，它才會存在。像是家人之間的合作，不是受到外界的規範如法律命令等要求，而是本身就因為親情而互相幫助。

㈡正式合作 (formal cooperation)

正式合作是有意的，且具有契約性質的。它通常發生在像公司、政府機關等正式組織中，會牽涉到合作者之間相互的權利與義務關係。各種組織必定會有許多規範在，其運作也較依賴命令。

㈢共生合作 (symbiosis)

共生合作是一種和諧的狀態，彼此從對方取得利益，不是有計畫或有意設立的。市場上的互動是共生合作最好的例子。當貨物從生產者與製造者轉移到市場銷售時，要涉及許多的工作，如加工、運輸與銷售等，由於這群人相互涉及依賴的關係，他們的行為變成整體過程的一部分。在這過程中，如果只靠其中的一個環節，他們就不可能因貨物而獲利。因此為了獲利，就必須有合作的關係。同樣地，人們依靠電力公司或自來水廠員工的服務，而他們的工資則由受服務者共同來提供。共生合作與正式合作的差別在於，後者有共同的目標，成員視彼此為同一團體的分子；而前者只涉及利益而無共同目標，行動者多屬於不同團體的分子。

二、競爭、敵對衝突與強制

人類的行為大部分是合作的互惠行為，但有些行為是對立的。有些學

說理論的基礎就是建立在這種對立上，像馬克斯階級衝突論強調階級利益是社會發展的原因，而達爾文的生存競爭論強調適者生存。這樣的對立行為也是互動，因為強弱程度的不同，通常被分為四類：競爭、敵對、衝突與強制。

㈠競爭 (competitive)

競爭所關心的是目標的取得而不是競爭者本身，個人或團體會努力爭取某一目標，因此有時也是一種合作式的衝突。競爭與合作都是一種普遍的社會互動形式，存在於所有的人類社會。由於人的慾望是無止境的，而可以使用的資源卻很有限，所以人們會不斷競爭。競爭和文化有密不可分的關係，有些文化特別強調競爭，像是資本主義社會，相信競爭能提高效率與生產力；但文化也是競爭的來源，讓人們透過一定的管道、一定的規則去競爭。像是學生透過考試這個管道來競爭、員工透過績效來競爭，若違反規則就會受到校規、法律等規範的處罰。

㈡敵對 (rivalry)

又稱為「對抗」，是指私人或私人化競爭，把競爭的目標轉移到競爭者對方身上。彼此已經不是在競爭，而只想擊敗對方。對抗常會發生情緒的反應，甚至可能引起競爭者之間的相互仇視，進而成為「敵對的競爭」。

㈢衝突 (conflict)

衝突相對於合作，目標主要是在於控制、破壞和消滅敵對者，因此衝突的注意力集中在敵對者而不是在目標。衝突指兩個或兩個以上的人對立的社會互動過程，最典型的例子有大範圍的國與國之間的戰爭、企業與企業之間的市場衝突；小範圍的有組織內的權力鬥爭、人際之間的衝突等。衝突產生的原因主要是因為社會資源相當有限，而在追求稀少資源時會產

生資源上的衝突，導致想除去敵對者以獲得利益。衝突最顯著的特徵就是其破壞性，衝突可能是由於社會組織的不健全所引起的，但它的發展也可能會帶動社會的變遷。

㈣強制 (coercion)

迫使某一個人或某一個團體順從另一個人或團體所主張的行動方向，通常是明顯的權力行使，逼得另一方非就範不可。但強制性的就範容易導致事件更惡化，由於它富有挑釁的意味，所以可能「壓力越大，反抗力也越大」。

不論是競爭、敵對、衝突或強制，最令人關心的是它的結果。其結果主要有四種類型，這些類型的互動會造成人們有下面幾種類型的行為：

1. 退縮 (withdrawal)：不再來往，或逃避或隱退。
2. 強加 (imposition)：一方成功地逼使對方放棄了原來的目標。
3. 皈依 (conversion)：說服一方完全遵循另一方的意願。
4. 妥協 (compromise)：各自讓步，都放棄一些原先要求完整的目標，但也都保有自己的期望。

 ## 第二節　社會團體

團體的特徵有二：⑴互動 (interaction)；⑵歸屬感 (membership)。它至少有兩人以上，有共同的目標或相近的興趣，會產生規範，發展集體的目標。我們可從三個角度分析團體：

壹 初級團體或次級團體

初級團體是指如家庭、友伴、鄰里的人際結合，是親密的、面對面的，且在心理上有「同屬一體」(we-feeling) 的感覺，在個人性格的形成過程中

具有最重要而根本的影響力。

　　這種團體所具備的各種特性中，最主要的就是成員之間有感情存在。它有幾種屬性：第一，既然有感情，與成員相處時就覺得滿足，因此關係的本身就是目標，而不是藉以達到其他目標的手段。例如雙方戀愛，男的與女的在一起時便感到愉快，這就是初級關係；相反地，如果男的對女的沒有感情，與她建立關係的目的是為了對方的財產，這就是次級關係。第二，團體中成員交往的目的既非工具性，因此交往是全面的，而不是片面的、局部的。以家庭為例，父母不僅撫養兒子，也安排他上學，星期天帶他逛街，不聽話還要懲罰。第三，由於交往是全面的，沒有兩個人是相等的，因此具備初級關係的人，在彼此的心目中都是獨特的、不可以替代的。父母對待子女便是如此，即使自己的子女愚拙、不肖，也不願意與別人的孩子交換，俗語說：「兒子還是自己的好。」第四，成員的溝通深而且廣，彼此深入了解。用社會學家費孝通的「差序格局」（有差別、有順序）概念來說，初級團體是個人關係網中較內層的、較靠近自己的，也比較容易信任和重用。

　　社會學者蔡文輝教授用一些特徵和例子比較初級與次級團體。

表 3-1　初級與次級團體的比較

	初級團體	次級團體
例　子	家庭 幫派 親戚 密友群	學校 工廠 少棒聯盟 軍隊
特　徵	非正式 親密 情緒型 小團體 全面性互動	正式 商業式 功利型 大團體 局部性互動

資料來源：蔡文輝，1993，《社會學》，頁 148。

貳 內團體或外團體

社會學家也提到內團體 (in-group) 與外團體 (out-group) 之分。內團體係指使我們感覺自己是屬於其中一分子的團體；而外團體則指不屬於我們的任何社會團體。內團體可能包括我們自己的家庭、同校或同班同學、信仰相同者、同鄉、同宗親戚、同胞等；外團體則包括別人的家庭、外國人、信仰不同者、不同性別者等。我們總是對內團體的人比較親近，而對外團體者比較排斥，因為人多半對自己熟悉的事物比較親近。總而言之，內團體是「我們」，外團體是「他們」。

參 同輩團體和參考團體

另有兩種團體也影響著我們的生活，一是同輩團體，一是參考團體。

一、同輩團體 (peer group)

在人們日常生活裡扮演了一個重要的角色，很多友情就是在同輩團體裡培養出來的。同輩團體主要是在日常生活裡與我們互動的人群中，總有幾個比較合得來或談得來的人，大致是年齡相近的。這些人自然而然就成為我們較喜歡或願意來往的人，對方的態度也就因此會影響到我們行為的準則。較親近的同事與同學就是一種同輩團體。

二、參考團體 (reference group)

是指人們用來判斷和比較自己社會地位的團體。有時，參考團體代表了一種更高的標準，使人心嚮往之而有所參考，成為行為仿傚的依據。這種團體有三種特徵：第一是作為比較的標準；其次，參考團體有時也指個人渴望可以參與其中的群體；最後，參考團體也表示一個外團體的價值和觀點，已經成為個人的價值和觀點。

第三節 社會組織

生病了，會到醫院去看病；想看電影，會去電影院；人們必須透過政府來替我們處理許多事物，還要依賴國家的軍隊與警力來保護我們的安全。為了要滿足人食衣住行育樂等需求，使我們能到百貨公司、餐館等地方消費，還要到學校受教育，並到遊樂場去玩。簡單說，我們需要各式各樣的社會組織，也加入各式各樣的社會組織當中。

隨著時代的演變，今日世界的互動越來越頻繁，人們不再保有單純的關係，而出現了複雜的分工，因而出現了組織——為了達到目標而故意設計的人類團體。構成組織的要素主要有五項：成員、目標、社會結構、技術與外在環境。

壹 組織的要素

以一簡單的圖可標示組織的要素，如圖 3-1，由此圖可進一步的說明如下：

一、構成組織首在於人，即成員

不是光有人就能夠成為一個組織，例如有一些社團或團體，雖然有些人掛名，但他們從來不參加活動，也沒有參與的意願，這些只出現在名冊上的人並非真正的組織成員。隨著組織性質的不同，其成員的定義、特質也互異，例如宗教團體以信徒為成員、企業以員工為成員、軍隊以軍人為成員。

二、組織成員必須具有某種共同的目標與共識

一群人要成為一個組織，必須先樹立一定的共通目標，並具有區分組

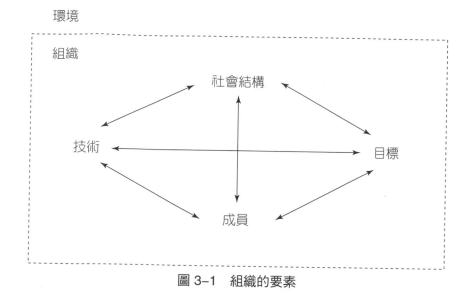

圖 3-1　組織的要素

織內部成員與外人的意識。例如我信仰 A 宗教，我就與信仰 B 宗教的人有不同的觀念。

三、組織內有一定的結構與規範

即對事物有共同的標準，成員都需站在組織的立場來予以評價。這規範可能是有形的如校規，也可能是無形的如道德評價。前者像是學校規定不能蹺課，後者則像是批評某人不是個好學生。

四、既為組織，必然具有指令與職務

成員必須遵從組織下達的命令，不背棄自己的權限與義務。像是軍人必須服從長官的命令，堅守自己的崗位，如此軍事組織才能維持。

五、共通的資訊

如某種行業的公司成員可以獲得該領域的特定資訊，亦即在組織內有的技能，其成員能獲得其圈內的特定資訊。

社會組織跟一般社會團體相比，至少有三種不同的特質：⑴社會組織有分工、權力、互動及溝通的架構；⑵社會組織有權力中心，負責指揮決策的運作；⑶組織成員的遞補替換完全以組織目標為指導原則。韋伯就分析：「組織乃是一個理性的實體，由一群人按著既定的目標來從事有關的活動，組織是一種穩定的互動模式，有層級節制的權威體系及分工合作的工作方式。」布勞和史考特 (Peter Blau and W. Richard Scott) 則認為「組織與團體的不同之處，是表現在為了達成特定的目標，會使成員和資源正式地組織起來，因此可稱為『正式組織』」。

我們每個人都參加了不同的社會組織，它的種類可因其結構、權力運用、目標等不同而有所不同。以結構來分，通常可分為正式組織 (formal organization) 與非正式組織 (informal organization)。所謂正式組織係指組織裡的正規結構，列舉每一部門的職責與功能。非正式組織，雖然在組織結構上找不到它們，但是仍可能存在，而且也可能有很大的作用。

第二種分類法是以受益者角度來分類，以布勞和史考特的研究為主。中心問題是：「誰是組織的受益者？」主要有四類：⑴互益組織 (mutual-benefit organization)：以組織成員為受益對象，例如各種職業團體、青年會；⑵商業組織 (business organization)：以謀利為主，例如各種公司行號；⑶公益組織 (commonwealth organization)：以社會大眾公益為前提，例如政府機構；⑷服務組織 (service organization)：著重對社會的服務，例如醫院、學校、社會福利機構。

第三種分類是依據派深思對社會功能的研究加以區分，派深思認為社會的功能主要有：⑴適應 (adaptation)；⑵目標達成 (goal attainment)；⑶整合 (integration)；⑷模式維持 (latency) 等四項，亦即他著名的 AGIL 理論，也就因此有各自對應的組織形式，見表 3–2。

第四種分類的方法是從部屬的控制力和控制手段來探討。美國學者伊斯尼 (Amitai Etzioni) 提出三種控制力量：強制 (coercion)、酬賞

表 3-2　派深思的組織分類

社會的功能	組織形式	例　子
適　應	以經濟生產為取向的組織	商業公司
目標達成	以政治目標為取向的組織	政府機構、其他分配權力的組織
整　合	整合性組織	法院及法律有關的行業、政治團體、社會控制機構
模式維持	維持模式的組織	文化組織如博物館、教育組織如學校、宗教組織如教堂

資料來源：張苙雲，1986，《組織社會學》，頁 43。

(remuneration) 及道德規範 (morality or norm)。而在控制手段方面，包括：強迫權力 (coercive power)、實用權力 (utilitarian power)、規範權力 (normative power)。強迫權力型的組織以武力或暴力逼使團體成員聽命就範，例如軍隊、監獄等組織。實用權力型組織則是以金錢物質或其他獎賞方式，作為控制其團體成員的工具手段，例如商業機構、有獎金制度的政府機構亦是，成員以功利的取向表示對組織的服從。規範權力型組織則是以聲望、地位、榮譽作為團體成員控制的工具手段，例如教派、幫派、祕密結社等，強調成員發自良心道德的自動順服。

　　第五種分類法是按照組織的目標性質而加以區別。包括：⑴經濟組織 (economic organization)；⑵維護組織 (maintenance organization)；⑶整合組織 (intergrative organization)；⑷政治組織 (political organization)。經濟組織的目標是物質和服務的生產及提供分配；維護組織重視社會成員的社會化，培養社會新成員，例如學校、教堂；整合組織重視社會控制與對偏差成員的制裁和約束，如監獄、法庭；政治組織則分配權力以推行社會目標，例如政府、政黨。

貳 組織的運作

現代的組織越來越朝向科層組織，運用科層管理使其運轉。科層管理和傳統組織有所不同，其對比如表 3–3。

表 3–3 傳統管理與科層管理的比較

	傳統的	科層的
目 的	為自己，反映政治或商業領袖的個人目標	清楚而屬公共的，通常由法律或章程規定之
分 工	雇主與工人之間任務的基本劃分	組織不同部分及不同個人之間的任務劃分
層 系	脆弱易變；低職位之任免繫於老闆之喜樂，權限不定	權限明確；溝通管道與管制方法清楚
權 威	傳統的、感召的	基於專長和規則
決 策	統治者一人的興致	有制度的、有程序的
規則與程序	無系統，並非永遠執行，不繫於規則之制定者	可信的、書面的、系統的
專 業	不穩定，非專業的；職位乃忠誠的報賞	全職、專業、以專長為基礎

談到工作組織，你或者你的同學是否有打工的經驗呢？無論是在加油站、速食店、咖啡館還是其他地方打工，都是投入工作組織當中，從事與工作有關的活動。還包括了個人如何求職，去哪裡找到工作，然後藉由工作發展事業與成就，又如何獲得滿足。這些過程都不只是個人的事情而已，在社會學裡有其鉅視的基礎。找工作雖然是個人行為，但必須要面對這個社會是否真正需要某種才能，市場價值與雇主是否認同此人的個人條件。因此個人條件，也就是個人的出身背景、智能、教育程度與他取得的職業地位與收入息息相關，社會學稱此為地位取得的過程。

一、地位取得的過程

　　主要探討影響個人的社會、經濟地位的各種因素。一個人找到一個工作就是一種地位取得，這個工作在社會上被認可的程度就是這個工作的社會地位，像是醫師、律師，在社會上享有很高的聲望，就代表這是一個高社會地位的工作；而經濟地位則與這個工作所獲得的報酬有密切關係，有高社會地位的人雖然經濟地位也不錯，但並沒有絕對的關係，像是老師相當被社會尊重，但相對於科技新貴而言，待遇並沒有很好。

　　要取得社會與經濟地位，人就需要加入組織，這組織可能是公司或政府，也可能是學校或醫院，每個人在組織內貢獻出勞力，也會獲得組織提供的報酬和機會，像是薪水或升遷的可能。組織會按照其內部的規則（科層體系）來將勞力、報酬與資源做有系統的分配。

二、個人職業生涯的發展

　　這是個人在工作內取得地位、工作報酬和聲望的過程，是順著「職業生涯線」(career line) 和「工作軌道」(job trajectory) 兩個路徑來運行。組織內部通常有其既定的升遷模式，一開始進入組織的位階或單位，出任的職位會影響個人進入不同的升遷階梯，獲得不同的成就水準。這階梯因在不同的組織裡而不同，像是在公司裡一個人可能從職員、組長、課長、經理這樣的階梯上去；但在學校組織裡卻不是如此。每個人所面對的發展不免是有些個別差異的，可能會因個人的能力與組織的需求不符而無法晉升，或是因性別、種族受到該組織的歧視而使發展受限。

三、求職與求才

　　臺灣的社會早期以農業為主，後來轉型為工商業社會，在這樣的過程中經歷了許多轉變。現在的社會，興起了許多工商業的組織，所徵求的當

然是工商業方面的人才。組織透過消息的傳遞如廣告、政府公告、職業輔導機構來取得所需要的人，任何組織都會配合自身的需要，衡量受僱者的學歷、科系、年齡、性別、婚姻狀況等，吸收成員使組織擴充。

四、工作滿足

現在很流行「樂在工作」的觀念，這種個人所意識到的主觀心理狀態稱為工作滿足，可定義為「工作者源自工作的一種愉快且正面的情感反應」。這種情感反應必然受到組織的影響，也是工作者對其工作與工作環境的評價和預期的報酬之間的差距所決定。若是個人預期的報酬和他所得的相符，會有較高的工作滿足。假設一個人辛辛苦苦做得半死，卻沒得到什麼，那他是很難有什麼工作滿足的。工作組織的環境氣氛也是很重要的因素，組織內的領導者若是對下屬體恤，尊重組織任務的達成，員工的工作滿足度也會越高；而員工與員工間相處得融洽，所學的與所做的相符，升遷機會多、待遇好，也會使工作滿足度增加。

參 重要的組織

一、教育組織

教育組織中最普遍的就是學校。我們從小到現在都有非常豐富的上學經驗。不知道你有沒有想過一些問題，例如學生為什麼要穿制服？為什麼每天要分成七或八節課？為什麼要有朝會？為什麼學校裡校規特別多？這些措施是不是必要的？這些都受到教育組織的影響。組織中有成員，學校中的成員主要是教師、職員和學生。教育組織的目標是文化傳遞，提供學術和技藝的學習機會，挑選培養人才等。

二、政治組織

政治組織是權力運作的地方。有關權力的範圍、來源、擴張與分配都是政治組織要處理的問題。政治組織中最重要的是政府和政黨，核心成員主要是官員、民意代表、黨工、公職候選人等，而社會大眾也多多少少參與政治組織，例如參加黨員大會或投票。政治組織的目標當然是獲取更大的權力，有更多決策的機會，更能影響大眾的利益。

三、宗教組織

宗教是一群人運用超自然的和神聖的信仰概念和儀式，來解釋與操作現世的生活。宗教包含了神聖的器物、人以及思想、一群信仰者、一些宗教行為或儀式、一套信仰思想。宗教組織的成員是神職人員、義工和信徒，其目標是傳播信仰，也可滿足個人需求、促成社會融合、建立人們的世界觀等。

四、醫療組織

處理人類生老病死的社會組織是醫療組織，有關健康、疾病、照顧與治療是醫療專業人員的職責。從功能論的角度，病人是該有一些社會功能但因身體因素表現不如預期的人口群，醫療組織的目標則是治療他們，並使其恢復功能。除了病人，各種醫療專業的工作者、醫療行政人員都是組織中的核心成員。

五、志願組織

由一群共同支持組織的目標和價值的人所組成。人們參加這類組織通常是自願性的，而且其活動參與總是在工作之餘的閒暇時間內參加。這類組織如女青年會 (YWCA)、獅子會、醫院志工團體等。社會學的研究裡發

現這些組織有一些重要特徵：中年人、高所得、高教育、高地位者較常參加；已婚者亦比未婚者較常參加。大多數的志願結合皆以服務其會員為宗旨，而且也熱心於服務社會，協助社會的整合。

》》摘要

人與人之間必定有互動的行為，互動的結構稱為「團體」和「組織」，團體與組織都是現代社會關係運作的基礎。人們的社會關係已經不斷擴大，變得複雜而多元，人人都可能參加更多團體、參與各種的組織、承接各式各樣的角色、執行不同的任務。

最重要的，社會依賴不同形式與功能的組織來運作，組織裡有分工和合作，有權威體系、科層制度和成文的規定，是非私人化的，而且依照成員的技術來任命及聘用。組織各有其目標，參加組織的人須認同其目標。

》》習題

■選擇題

（　）1.哪一種社會學理論強調互動過程中個人對符號的選擇解釋以及反應的動態特質？　(A)社會交換理論　(B)符號互動論　(C)戲劇論　(D)俗民論

（　）2.關於初級團體的敘述，下列何者正確?　(A)成員間的情感淡薄　(B)彼此工具性地交往　(C)成員互動是片面的　(D)家庭屬於初級團體

（　）3.下列何者屬於科層組織的特色?　(A)組織分工明確　(B)沒有組織目標　(C)決策專制獨裁　(D)組織規範不清

（　）4.下列何者是指人們用來判斷和比較自己社會地位的團體？　(A)同輩團體　(B)初級團體　(C)參考團體　(D)次級團體

■是非題

（　）1.戲劇論認為人們在人前與人後的行為會不一。

（　）2.社會互動就是指人與人之間的合作。

（　）3.社會團體的人數至少要有三人以上。

（　）4.社會學中具有經濟學色彩的理論是社會交換理論。

■問答題

1.你參加了哪些重要的社會團體？在其中你各自扮演什麼角色？

2.「人生如戲，戲如人生」，你的生活包括了哪些舞臺？你最想執行的角色為何？又怎樣和其他角色合作？

3.你最常接觸的組織有哪些？你如何因應正式組織對你的約束？又如何在正式組織中求發展？

第四章

社會階層化與社會流動

學習要點

1. 說明社會的階級及各種人為的不平等。
2. 分析何以性別、年齡、種族等因素會造成不平等。
3. 探討臺灣社會的快速流動。
4. 研究職業與聲望的關係。

第一節 社會階層化與社會不公平
——臺灣地區的現況

　　我們從小到大，從許多故事、小說的情節、我們身邊的人，甚至是歷史和自己的遭遇中都常看到、聽到過有關社會裡的階層，例如「中上階層」、「中下階層」、「勞動階層」等字眼，使我們在很自然的情況下就發覺到某一些人與另一些人不同，像是古代王侯就與平民百姓的生活方式不同、一般平民也與乞丐不同。我們也可以從講求門當戶對情形下的淒美愛情故事，以及鄰居或親戚們的生活方式，如房子、衣服、出入的場所、休閒娛樂等，知道我們家和朋友家就是不一樣。像是有些人常穿的衣服是平價品牌，偶爾才會買一些名貴的衣服；可是也是有人非名牌不穿，這就顯示出階級差異。

　　社會學家說社會階層會影響人們的生活機會、生活方式，到底什麼是社會階層呢？我們所生長的臺灣社會又存在著什麼樣的社會階層呢？

壹 社會階層

　　社會階層似乎是一種很自然的現象。到底社會階層是什麼？**社會階層 (social stratum) 指社會裡成員會因權勢、財富或聲望的高低不同，而被安排在不同層次的地位或團體裡。**大多數的人類社會都會按照某種重要的標準來評鑑社會中的人們，並且將他們分成不同的等級。換句話說，社會階層就是社會不平等的表現。因為總有人的地位比較高，有人則比較低。

　　旅美社會學者蔡文輝曾指出社會階層有幾項基本特質，可以幫助我們對它有一些認識：

一、階層制度是社會所製造出來的

階層制度不是自然產生的，而是社會所製造出來的。不同的性別、膚色、年齡或家世血統等生理因素之所以有高低之分，都是社會所造成的。就像是在中國傳統的社會裡，年齡越大，社會地位就越高；但是隨著時代的變遷，他們的地位已大不如前，有時甚至被視為一個社會問題。

二、階層制度存在於每一個人類社會裡

我們從早期的農業社會一直到目前的工業社會，不論是東方社會或是西方社會，都可以發現階層制度的存在。例如男女地位的差別、財富高低的差別，或是統治者和受統治者在權勢上的差別。

三、每一個社會裡的階層制度不會與其他社會完全一樣

從前面談到的文化、社會互動等章節中，我們已經知道在不同文化的社會裡會有不同的社會價值與規範，因此產生的階層制度當然也就有所不同。

四、階層制度的存在對社會裡的每一個人都有影響

不同的社會裡有不同的社會地位，帶來不同的生活方式，進而影響人們的食、衣、住、行。例如地位較高者有機會受較好的教育、吃昂貴的食物、享受更多的休閒娛樂生活。

貳 不平等的本質

社會不平等指的是人民在追求像金錢、權力和聲望等社會報酬時，缺乏公平管道的一種情況。社會階層化指的是這些不平等的現象一代傳給一代，形成社會階級的過程。

那麼，不平等也是普遍的現象嗎？人類學家已經發現：不平等是所有社會都存在的現象，即使最原始和最徹底的共產公社式的社會也不例外。社會地位往往依所存在的社會之社會價值而定，例如美麗、勇敢、宗教知識。

如果說不平等是個普遍的現象，那麼社會學中有哪些重要理論對它提出不同的看法？下面我們列舉了五種理論供大家參考：

一、功能派的理論：給最好的人報酬

最早對社會不平等現象提出解釋的是涂爾幹，他在 1893 年所著的《社會分工》一書中寫到：「所有的社會都有它們認為比較重要的活動」。例如美國殖民時代的清教徒認為宗教救世活動最重要、早期臺灣原住民社會最重視打獵等。

他也認為因為每個人的才智不同，所以最重要的工作應該由最有智慧的人來擔任，而為了吸引他們，就必須給這些人增加社會報酬。就像是古代的戰士和巫醫，或是現代的醫師、律師、工程師、科技新貴。所以，社會的不平等不僅是普遍的現象，而且是必然的、不可避免的，它有維持社會穩定的功能。

美國社會學家戴維斯 (Kingsley Davis) 和默爾 (Wilbert E. Moore) 分析：由於社會位置體系在下列三方面的不同，造成了階層：

1. 功能的重要性 (functional importance)：重要性越高，地位越高。

2. 才能和訓練 (talent and training)：需要越多者，地位越高。

3. 愉快性 (agreeability)：工作越愉快，地位越高。

二、衝突論：有權力者高高在上

衝突論者不贊成功能論者的說法，他們認為社會不平等的原因是：社會既得利益者（指有錢有勢的人）站在比較有利的地位，而且還用各種方

法想要維持這樣的利益。

　　最有名的衝突論者就是馬克斯了。他認為在每一種經濟組織裡都有一個統治階級，他們擁有並控制生產手段，例如工廠、原料等，也控制那些為他們工作的生命。而社會裡的人之所以有高低之分，是因為生產工具分配不均的關係。馬克斯認為社會實際上是由兩個對立的階級所組成的：

1. 資產階級：指擁有生產工具（通常是工廠或資金）的人，他們為統治主宰者。

2. 無產階級：指沒有生產工具的一般工人，他們必須用勞力換取生活所需的東西。

　　人類社會進化的過程實際上就是這兩個階級的鬥爭，在封建社會中，貴族是統治階級，農民和奴隸則是受剝削階級；在資本社會中，資產階級（資本家）控制並剝削無產階級（工人）。

表 4-1　功能論與衝突論之社會階層觀比較

功能論	衝突論
1.階層是普遍的存在，而且是必需且無可避免的	1.階層雖然普遍存在，但它非必需，也非無可避免的
2.社會體系影響了社會階層型態	2.社會階層影響社會體系
3.社會因需要整合、協調、團結而產生階層	3.社會階層因競爭、衝突、征服而產生
4.階層提高了社會與個人的功能	4.階層阻礙了社會與個人的功能
5.階層反映社會內共享的社會價值	5.階層反映社會上權力團體之價值
6.權力是在社會內合法地分配	6.權力是由社會中一小群人控制的
7.工作與酬賞是合理分配的	7.工作與酬賞分配欠缺合理性
8.經濟結構的重要性不如其他社會結構	8.經濟結構為社會之骨幹
9.階層經由進化過程而改變	9.階層需由革命來改變

資料來源：蔡文輝，1993，《社會學》，頁 276。

三、韋伯的理論：財富、聲望、權力

韋伯認為不平等有三個部分，它們互有關聯卻又各自獨立。

1. 財富：所指的除了是工資和薪水之外，也包括財產、投資不動產或股票的收入等。

2. 聲望：所指的是各種人有不同的榮譽和名望，同一個「地位團體」(status group) 的人有相同或相似的生活方式。有名望的人不一定非常有錢，例如有的宗教領袖很有名望，但是他們多半沒有賺很多錢。

3. 權力：所指的是一個人或一個團體能夠執行計畫、工作或是政策的能力，例如政黨 (party) 和利益團體 (interest group)。

四、華納的理論：階級代表名望

華納 (Lloyd Warner) 曾研究過美國一個叫「洋基城」的社區，歸納出六個不同的階級：

1. 上上階級：富有，而且都是世家（世世代代都很有錢）。

2. 次上階級：錢很多，但並不是世家。

3. 中上階級：受良好教育、有高收入的專業人員和商人企業家，例如醫師、律師、企業的老闆等。

4. 中下階級：主要是文書和其他白領階級，例如祕書、銀行職員和辦公室職員。

5. 次下階級：即所謂的藍領階級，例如工廠裡的工人和其他勞動者。

6. 下下階級：是指很窮苦、社區的邊緣人，也就是馬克斯所說的「無產階級」。

五、崔曼的「四點」論

崔曼 (Donald Treiman) 在 1977 年歸納全世界對五十三個國家做的八

十五項工作聲望研究，得到一個結論：工作分級的情形在全世界都很相似。之後，他根據所做的研究發展出一套理論，來解釋為什麼不同社會的工作聲望分級會如此相似：

1. 人的基本需求——食、衣、住、行，在各個社會中都很重要。

2. 分工細而專門的社會中，某些人比其他人擁有和控制更多的資源和權力。也就是說，專業化的分工創造出不同程度的權力——醫師比生產線工人有更多的技術和權威，所以也有更高的收入和財產。

3. 特權：在任何社會中，都會因為權力而產生特權。地位高的人常常有政治影響力，他們利用這些政治影響力來增加自己的利益。

4. 因為權力和特權到處都受器重，因此能提供這類報酬的工作，在所有社會中，就都有高的聲望。

　　社會階層本身就蘊含種種高低不等之排列，而不平等是多方面且複雜又微妙的。以下，我們就從性別、族群關係、所得、聲望與生活方式等方面，來探討臺灣社會階層化和不公平的現況：

一、性別

　　很顯然地，男性比女性擁有較多的權力和特權，也擁有較高的聲望，這根源於社會的差別待遇。許多社會都對男女有著不同的期望：「男人應該有競爭性；而女人應該服從」、「男人可以沒耐性；而女人則必須有無盡的耐心」、「男人可以批評人；而女人就應該接受批評並讚許他人」、「男人粗魯急躁；而女人總是閒坐、聊天、逛街購物，組成互助、互諒的人際網路」、「若做事，男人注重表面的成功，例如金錢、地位、升遷；而女人則從工作中獲得自我肯定的滿足」。

　　社會學家認為男女的差異主要由四種性別要素來界定，而傳統對性別角色標準有差異：

(一)生物性別

以第一和第二生理特徵來界定一個人在生物上屬於男性或女性,例如生殖器官、表面毛髮等。

(二)性別認同

是心理上的性別,指實際上我們對自己是男性或女性的感覺。一個人的性別認同不一定和他或她的生物性別一致。例如曾有位高中男老師,因為其性別認同是女性,而做了變性手術。

(三)性別理想

指文化對男、女性別行為的期待,也就是男人應該像什麼、女人應該像什麼。如果一個女孩很活潑、有競爭心、愛運動、個性豪爽、不拘小節可能會被稱為男人婆;如果一個男孩很敏感、富有同情心、不喜歡打球、打架、喜歡靜態的活動則可能被稱為娘娘腔。

(四)性別角色

指屬於一定性別的個體,在社會和群體中占有適當的位置,並且被該社會和群體規定應有的行為模式。

心理學者李美枝歸納出臺灣常見的性別刻板印象(見表 4-2),「性別刻板印象」指的是對不同性別的人應有什麼樣特質有固定、刻板的看法。在男性特質方面多是屬於工具性特質,此種特質有助於個人事業成就的發展;在女性特質方面多屬情感與氣質特質,與親密人際關係的發展較有關。

大多數的社會,不僅對於男人與女人的適當行為和特徵有明確的期望,而且也對社會中男人與女人的特權和負擔有不平等的分配。因此,如果某一個性別被整個社會視為優等,另一性別被列為劣等,這一現象稱為「性

表 4-2　男女兩性被期待的性別角色

男性項目	女性項目
粗獷的	溫柔的
膽大的	膽小的
好支配的	順從的
主動的	被動的
冒失的	端莊的
粗魯的	心細的
剛強的	害羞的
偏激的	保守的
獨立的	依賴的
隨便的	整潔的
豪放的	矜持的
行動像領袖的	愛小孩的
深沉的	天真的
嚴肅的	親切的
頑固的	溫暖的
武斷的	敏感的
競爭的	富同情心的
好鬥的	文靜的
浮躁的	輕聲細語的
幹練的	甜蜜的

資料來源：李美枝，1987，《女性心理學》，頁 126。

別或性別角色階層化」。在臺灣的社會中，我們也可以很容易看到社會所造成男女性別的不平等。以下，我們就從幾方面來作探討：

(一)教　育

1.家庭教育方面

　　受到傳統重男輕女、男主外女主內、女子無才就是德等觀念的影響，女性受教育的權利一直被忽視，家人對男性的期望也比對女性高。但是隨著民主社會的來臨、人權意識的高漲，1968 年開始實施九年國民義務教

育，而且高等教育規模快速擴張，使得女性就學的機會也急遽增加。到目前為止，兩性教育機會已經接近均等，多數家庭也越來越重視女兒的教育權。

2.學校教育方面

雖然在教育機會上，兩性趨於平等，但是過去學校教育在教材、教學互動和學校空間規劃等方面，對女性還是較為不利。

⑴教　材

我們都讀過小學和國中，我們可從過去使用的教材中發現幾個問題：

①女性出現的次數與頻率遠遠低於男性：使得女學生缺乏學習典範。

②傳遞強調刻板僵化的性別印象：強化女性特質，忽略個別差異，限制女性的自我認知。課本中各式各樣的男性都有，有貴為王侯的，也有販夫走卒。但是稀少的女性裡不是神話人物，就是偉人的母親。傳統為人妻和人母的角色不斷被強化，使女學生無法建立自主性，發展多元角色。

③省略、歪曲女性各方面的歷史貢獻：以男性的觀點作為肯定人們對歷史貢獻的標準，僅將女性對國家、民族等公領域的成就納入，卻忽略了女性在家庭中的生活與貢獻。

④男主女從的性別意識型態：認同單一男性價值觀，未能肯定女性經驗，形成女性文化傳承的斷裂。

⑵老師教學態度的差異

學者也從課堂師生互動中發現學校教育中的性別偏見。例如在幼稚園中老師通常會找男生示範醫師使用聽筒、找女生示範照顧洋娃娃等。因為女生的語文能力較佳；男生的空間透視和數學能力較佳，所以國小五、六年級在自然與算術課堂中，師生的互動機會顯著偏向男生；在社會和國語課堂中，女學生獲得較多的互動機會。

老師在教育學生時，也會鼓勵女生服從、親近老師；男生會因破壞規

矩而受到懲罰，但會被鼓勵表現主動和有自己的想法。這樣帶有性別偏見的互動，不但影響學生參與學習的意願，剝奪男女學生相互學習的機會，也可能影響學生未來學業、職業與生活方式的選擇。

⑶空間規劃

臺灣大學女學生曾因為不滿學校的空間規劃以男性為主、不顧女性的需要，而發生霸占廁所的事件。因為這次的事件，使社會大眾開始警覺到一些原本看似公平的規劃，其實是不平等的。例如女生上廁所的時間比男生要長而且不方便，可是廁所的數目和空間卻是相同的；換體育服裝時，多數學校因為沒有更衣室，男生可以在教室換，女生卻得跑到廁所換；運動後流汗了，男生可以把上衣脫掉，或用水龍頭沖涼，可是女學生卻只能再到廁所把衣服換掉，或是忍受一身的濕黏上完其他課。雖然這些看起來是雞毛蒜皮的小事，但卻凸顯出在空間規劃上缺乏對女性的關照。

⑷就讀領域的差異

就讀領域的區隔現象，和傳統性別刻板印象接近。性別會影響職業的選擇，女性多選擇商科、家事科、會計、精緻藝術、外語、文學、歷史、護理等科目；男性則較多選擇機械、建築、電機、工程、電腦等科目。

女性不願意進入男性天下的領域，原因之一可能是「害怕成功」。尤其害怕成功所帶來的後果，如不能找到丈夫或不易維持婚姻，或是容易被收入較低的男人或女人排斥。

㈡就　業

在 1960 年代以前，臺灣主要的經濟活動是以農業為主，婦女在外就業的機會很少。但是在 1960 年代以後急速工業化的過程中，婦女就業的機會增加了，但是女性的勞動參與率一直只維持在 45% 左右，因為女性要負擔較多的家庭責任。女性是臺灣經濟發展不可或缺的力量，但是由於傳統文化對女性賦以負擔家庭照顧的責任，加上政府政策的導引，使女性在勞動

市場中往往成為次級勞動力市場的工作者，或是被迫成為家庭工作者，再加上職場中的性別歧視，使臺灣的兩性工作平等權仍有待努力。雖然目前女性的勞動參與率已超過 50%，但兩性在就業方面仍有許多不平等的現象。其中最明顯、最值得注意的有以下幾點：

1.性別歧視

臺灣早期重男輕女的情形非常普遍且嚴重。受到傳統文化規範的限制，使得「性別分工」的意識型態非常明顯，甚至成為生活的一部分。所謂的「性別分工」指的是將工作、公領域與男性劃上等號，並將家庭、私領域等同於女性。

除了教養、教育之外，在就業方面社會對兩性也有著不同的期待與要求，例如男性被認為必須要負起養家活口的責任，而女性就只要乖乖在家帶小孩就好了。當女性或男性跨越了這些規範就被看作為異類，或是被醜化。例如在家的男人被稱為「吃軟飯」，出外工作的女人諷稱為「女強人」或者是「不顧家的壞女人」。

不過，隨著時代的進步，女權意識的高漲，「雙薪家庭」、「新好男人」等名詞紛紛出現，職業上的競爭也不再只是看他是男是女，而漸漸趨向於重視個人的能力，但是在選擇升遷的人選時仍存有性別歧視的情形。

2.職業區隔

所謂的「職業區隔」指的是女性的工作集中在低薪資、少升遷、少保障的行業或職位，大多是服務、事務性的次級市場工作，例如護士、接線生、操作員、美容美髮、成衣、電子、皮革、餐飲業等勞力密集的行業。男性則集中於所謂「男性的職業」的工作，例如企業家、醫師、律師、工程師、政府官員、經理和技術工人、石油、鋼鐵、電力、房屋建築、鐵路運輸等資本密集的工作。

職業區隔往往是對性別「刻板印象」的結果，認為耐心、細心和周到是女性的特質，所以需要這些特質的工作只有女性才適合；而需要判斷和分析能力以及體力的工作則只有男性才能勝任。如此分工，不僅忽略了男人、女人各自的差異，也對女性的職業聲望、薪資和未來工作的發展前景有負面的影響。

3.兼顧家庭

造成女性就業阻礙的另一大因素，就是必須兼顧家庭的兩難。因為一直以來，婦女被賦予的責任就是要照顧家庭，除了幼小的孩子、年老的雙親，家中若有身心障礙者、慢性病患者或精神病患者，對他們的照顧工作大部分也都落在女性身上。

女性為家庭付出的勞務經常被視為理所當然而輕易地被忽略了。她們除了身體上的負荷和壓力之外，還有情緒上的煎熬，還可能因此造成的經濟依賴以及老年時的貧窮，使得女性只因為性別的關係而付出許多代價，卻被看做是義務而且長期被苛刻地要求。

4.薪資差距

教育程度、工作經驗、職業訓練和從事的職務等，都會影響個人的工作報酬，兩性之間的差距相當大。「薪資歧視」指的是雇主付給相同工作的男、女工作者有不同的經濟報酬，也就是同工不同酬。有此主張者的理由竟是男性需要負擔家計，而女性的所得只是家庭中的第二份收入，屬於補貼性質，重要性不那麼高，所以兩性在薪資上的給付就有不同的標準。這明顯是對女性的歧視。

另一個造成兩性薪資差距的原因，是女性比較容易為了家庭的緣故而中斷就業，使得女性無法累積經驗和資歷，薪水自然就比較少了。

臺灣的《兩性工作平等法》已於 2001 年 3 月 8 日施行（2007 年修正

更名為《性別工作平等法》），但各種保護女性的措施尚未全面落實，因此兩性在工作的平等上仍需要更多的努力。

5.性騷擾

女性在就業時可能遭遇到的另一個困擾就是受到性騷擾。女性不論在學校或是在工作場所都比男性易遭到性騷擾。到底什麼是性騷擾呢？

性騷擾範圍很廣，小到性別歧視或偏見的言論，大到強暴。「清大小紅帽工作群」將之由輕而重分為五個等級：(1)性別歧視：包含一切認為女性是次等的言行，例如侮辱、貶抑、敵視都算是。(2)性挑逗：包含一切不受歡迎、不合宜或帶有攻擊性的口頭或肢體上的吃豆腐行為。(3)性賄賂：以同意性服務作為交換利益的手段。(4)性要脅：以威脅或霸王硬上弓的手段強迫性行為或性服務。(5)性攻擊：包含強姦和任何造成肢體傷害的暴力動作或異常性行為。每位女性都可能面對這些威脅，從小到大長期面對恐懼和不安。

我國的《性騷擾防治法》於 2005 年 2 月公布，規定直轄市及縣（市）政府應設立「性騷擾防治委員會」，負責性騷擾防治相關事項，使得女性的權益較受到重視。

二、族群關係

臺灣是由許多不同的族群所組成的，包括原住民、閩南人、外省人、客家人等，各族群並未享受相等的政治權利和社會資源。根據殷格 (J. Milton Yinger) 的說法，族群 (ethnic group) 是指一個較大社會中的一部分，它的成員被自己和其他人認為具有一個共同的文化，他們並從事以其共同源流和文化為主要成分的各種活動。這個團體被其他人看做是有一項以上的不同，例如語言、宗教、人種或發源國家，而且他們也認為自己與外圍的社會不同。簡單地說，就是人們如何想像誰是或誰不是屬於同一族群。

社會上常以少數團體 (minority group) 來代表較弱小的團體，它的定義是：**某一群人由於他們的生理或文化特徵，被他們生活的社會中其他人所分出，而遭受差別的與不平等的待遇；他們因此自認為是被集體歧視的對象。**少數團體往往被以某些偏見或成見來評斷，而歧視則是不公平地對待這些人或團體。受歧視的團體成員間會互相認同，並且發展出強烈的彼此信任感，以及對多數團體的不信任。

族群意識是指對於自己所屬族群所處不利狀況的覺知程度，這樣的定義已經預設了族群意識通常是「弱勢族群」特有的現象。族群意識通常包括了以下三種認知與動機：

1. 差異的察覺：人們感受自己的族群和社會中其他群體有差異。
2. 族群不平等感覺：人們認為自己的族群受到不平等的待遇。
3. 參與政治和社會行動的意願：人們覺得應該要採取某些行動，也願意參與集體行動，去改變這種族群不公平的狀況。

以下，我們從社會階層化的角度來討論臺灣的四大族群：

㈠本省人

「本省人」是相對於「外省人」的分類。因為當初中華民國政府剛接收臺灣時，民眾對政府有相當的期望，可是光復初期官員貪汙腐敗，而且高官在政府職位的用人上排擠本省人、任用外省人的作法，逐漸使民眾產生受到差別待遇的強烈感受。加上二二八事件之後大陸調來增援的軍隊對各地進行鎮壓，殺害相當多的本省人，更確立了「本省人」（民眾／被統治者）相對於「外省人」（國家、軍隊／統治者）的（弱勢）族群意識。

1970 年代中葉以後臺灣本土性反對運動崛起，批評國民黨在政府用人上有省籍的考慮、權力結構不民主、對臺灣本地文化在語言政策上貶抑，使得本省人在政治權力和文化上仍然受到不公平的待遇。不過，近年來臺灣邁向政治民主轉型，使這個族群的被壓迫感明顯減弱。

㈡外省人

1949 年前後，有近百萬的大陸各省人士跟著政府撤退來臺，雖然他們僅占當時臺灣人口的 15% 左右，但是在和臺灣本地人互動的過程中逐漸發展出大陸人的群體意識。當時外省人享有政治權力的主導權和社會文化上的優勢地位，但大都集中在軍公教等行業，較少在私人部門。一旦經濟起飛，私人企業蓬勃發展，外省人較無法享受到經濟起飛帶來的實質利益，所以產生經濟方面的相對剝奪感。

加上臺灣的政治與文化慢慢走向本土化，強調「臺灣四百年歷史」、「臺灣人講臺灣話」、「認同臺灣」的說法，使得「外省人」的（弱勢）族群意識也逐漸形成。

㈢客家人

在客家人的文化認同上，他們在臺灣已有相當長的時間。但是客家人自認在語言、歷史記憶和政治經濟各方面也是弱勢族群，不僅只是因為人口比例較低的關係（僅占臺灣人口的 15% 以下），也因為他們同樣感受到閩南人在語言和文化上的壓迫。

近年來客家人致力於重建客家文化與特質，所以我們看到越來越多有關客家研究的書刊，可見客家人的族群意識也正在成長中。

㈣原住民

國民政府遷臺以後，對原住民的政策採「山地平地化」的同化政策，一方面導致原住民傳統文化遭破壞，例如要不要接受同化、只能「口傳」的傳統文化、記憶和生活知識產生斷層、靠經驗傳遞的宗教儀式、生命禮儀、農事、漁獵等生產活動，以及家庭功能、社群生活等都失去傳承和創造的空間等。另一方面，也因原住民被納入臺灣漢人主導的經濟體系之中，

失去自主性。在這種經濟體系裡，原住民受到剝削，大多從事低職位、低收入的非技術性勞力工作，工作不安定、危險性高、待遇差、升遷機會小，加上開放外籍勞工的進入，使原住民的失業率更加提高了，造成他們在經濟上面臨很大的問題。

　　造成原住民陷於困境的主要因素是在於教育的不利，因為原住民所居住的地方大多是山區，交通不便，使得教育機會不均、教育資源匱乏、教材的不合適、老師和學生的文化背景迥異，使學生在學習上產生適應困難。加上家長比較沒有對子女教育投資的觀念，使得原住民在教育方面比不上住在平地的漢人。因為教育對職業的影響很大，教育的不足間接也影響到原住民的經濟問題。

　　在醫療資源方面，原住民也是屬於較缺乏的一群，因為地處偏僻，所分配到的醫療資源也比較少，若是要到平地就醫就更加不方便了。雖然目前已經有全民健保了，但是醫療資源分配不均的問題仍然尚未解決。

※民族和種族不平等的原因

　　任何不平等都受到社會文化的影響，社會學研究的重點就是要了解哪些力量造成了各種族間的不平等。被歸納出來較重要的解釋有以下幾方面：

1. 個人因素：包括個人態度與價值。在強勢團體方面，有可能是因為與弱勢團體雙方成員的人格特質有所不同，例如強勢團體較強調進取、攻擊。
2. 社會互動：指不同團體間的社會互動，由於某些人口群較知道如何爭取社會資源，進而形成不平等。因此消除種族主義，必須改變現有的社會互動模式。
3. 經濟因素：指這些互動所在地的社會與經濟體系形成工作機會的不均等。

※族群刻板印象

　　一般說來，族群會感受到自己是弱勢，或是被歸類為弱勢，「族群刻板

印象」占了相當大的因素。一般人仔細想一想，就可以很快地列舉出對臺灣四大族群的刻板印象。其中越弱勢的，人們對他們的刻板印象越多。例如認為原住民是：酗酒、生活水準低落、懶散；客家人：團結、勤儉、苛刻、排他性重；外省人：老芋仔、老兵、不會講臺語、鄉音很重；本省人：講臺灣國語、較現實。

許多刻板印象都只是該族群內某些少數人的特徵。族群刻板印象會造成許多偏見與歧視，影響到彼此互動的關係，各族群間若抱有成見地互動，是無法消除之間的隔閡，只會造成更多的成見，出現更大的社會距離。

※族群互動

族群之間的隔閡若增加，互動的機會就減少，如此，只會使弱勢的一方受到汙名的影響，自尊心降低、無法自我認同，更容易產生挫折感。如此的演變非常嚴重，不要以為你不是他們那個族群的就沒有關係，因為大家生活在同一個島嶼、同一個社會裡，彼此都會互相影響。當族群問題越來越嚴重時，一定會成為大家的問題。

族群之間一定要經由互動才能彼此了解、減少誤會，達到彼此尊重。如果一味地拒絕互動，只會使誤會越來越深、關係更加惡化，造成對彼此的傷害。因此，我們不要吝於和各個族群互動，更要把握每一次互動的機會，試著去了解他們，也讓他們了解我們，使臺灣成為一個族群和諧的社會。

※包容與欣賞

每個人都應放棄以自己為中心的價值觀，以尊重的態度和各族群的人們互動，並且用互相包容的心來看待其他族群、用欣賞的態度來看待其他族群的文化傳統、捨去批評和議論、協助維護各族群的文化，使臺灣的文化更多元、更多采多姿，這樣的生活不是更加豐富、更有意義？

三、所得、聲望與生活方式

探討臺灣在所得、聲望與生活方式的不平等現況之前，必須先釐清一些相關的學術名詞：

1. 所得 (income)

指「在財富維持不變的情形下，所能花費的總額。」通常是薪資收入和薪資以外的福利，以及投資所得等。

2. 財富 (wealth)

指「可變賣的財產」，包括房子、土地、工廠、機器設備，甚至股票等。

根據行政院主計總處所公布 2013 年臺灣家庭收支調查結果顯示，平均每戶家庭每月可支配所得為 94.2 萬元，其中排名前 20% 的高所得家庭平均可支配所得達 188.3 萬元，排名後 20% 的低所得家庭可支配所得則只有 30.9 萬元，高所得家庭是低所得家庭的 6.08 倍。若扣除政府社會福利補貼及稅捐等政府移轉收支，臺灣貧富差距更大，最高及最低所得組差距高達 7.53 倍。

造成所得差距加大的主要原因，是由於受到金融風暴的衝擊和高科技產業造就了部分高所得專業人力的影響，所以政府目前更需要透過財政政策、社會福利措施來彌補低所得家庭的不足。

除了所得之外，職業的差距影響職業的聲望，更影響人們的生活方式。在職業聲望排名中，排名在前的都是一些××家、××師、××官、××長，他們的收入也都很好。但是有一點需要注意的，就是知名度高或是收入高的並不一定有高的職業聲望，例如歌星藝人、特種營業者，他們的職業聲望排名都不高，甚至排在很後面。

3.生活方式 (life style)

人人都有食、衣、住、行的需要。有的人吃得差、穿得破爛、住得簡陋，只能安步當車或坐公車；有的人吃龍蝦鮑魚、穿名牌服裝、住在豪宅、出門有高貴轎車。「有錢能使鬼推磨」，因階層不同，生活方式自然不同。社會學家最關切的是不同階級的人能夠改善生活方式的機會，如果連機會都沒有，窮者恆窮，富者恆富，就太不公平了。

㈠臺灣社會階層現況

中央研究院研究員許嘉猷曾將臺灣的社會階層分為農民、工人、中產階級（包括公教人員、專業技術人員、企業幹部）和資本家。

1.農　民

臺灣早期以農業發展為主，以穩健的經濟基礎和充足的人力為主體，後來漸漸地往工業發展，但也造成了一些問題：

⑴農業和農村脫節

農產品的收入已經不足以完全負擔家庭的開銷，使得農民的耕作意願降低，許多農民子弟也轉業或是到都市謀生。

⑵土地破碎問題

當初為了消除地主階級而實施土地改革，使人人有土地耕種。但是隨著世代傳承，土地由子孫平分，也使得土地更加破碎，獲益越來越少。

⑶國際競爭激烈

臺灣地少人多，農業不易大規模生產，也就無法和國外低成本的農產品競爭。加入世界貿易組織 (WTO) 對臺灣農民的衝擊更大，政府必須提出適當的政策保障農民的權益。

2.工　人

　　勞工階級近幾年來在多方面努力下，權益獲得了不少的改善（例如週休二日、陪產假等）。早期勞工糾紛的案件較少，近來勞資糾紛案件增多，可見現代的勞工越來越了解自己的權益，也懂得如何去爭取，而臺灣工業的發展也從早期勞力密集工業轉型為技術密集和資訊工業。

3.中產階級

　　傳統上將資本家和勞工放在對立的位置，但自 20 世紀初，「管理主義」興起，越來越看重資本、土地、勞力等的管理，也就形成了「中產階級」。瑞特 (Erik O. Wright) 將階級區分為七種：

⑴階級一：包括大老闆（即僱用很多員工的資本家）、大企業的經理、公私營機構高層主管，以及高層專業人員。

⑵階級二：包括小企業的經理、公私營機構低層主管、低層專業人員與高層技術員，以及低層白領的監督人員。

⑶階級三：擔任例行事務性工作的低層白領職員。

⑷階級四：各行各業的非專業工作之小老闆，可僱用少數員工（即小雇主），或不僱人（即小資本階級）。

⑸階級五：包括低層技術員與藍領勞工之監督。

⑹階級六：即藍領技術工人。

⑺階級七：包括藍領半技術、非技術工人與農業工人。

　　以上七個階級可併成三大階級：

⑴服務階級 (service class)，這包含了階級一、二。

⑵中間階級 (intermediate class)，這包含了階級三、四、五。

⑶工人階級 (working class)，這包含了階級六、七。

　　我們另外可從職業聲望的調查（表 4–3）來了解「中產階級」為何被

看重而擁有較高的聲望。

表 4-3　臺灣職業聲望舉例

職業名稱	聲　望
專門性、技術性及有關人員	
理化科學家及理化技術人員	75.5
建築師、工程師及有關技術人員	74.2
醫師、中醫師、牙醫師等	76.1
統計學家、數學家、系統分析師等	73.0
會計師	73.1
教師	71.8
作家、新聞記者等	71.9
作曲家及表演人員	63.5
行政級主管人員	
民意代表及政府主管人員	74.2
公民營企業主管人員	71.3
監督及佐理人員	
企業業務監督人員	68.6
政府行政監督及佐理人員	68.6
速記員、打字員及有關工作人員	65.6
郵政佐理人員	67.0
買賣工作人員	
國際貿易、批發及零售業經理	70.8
批發及零售業自營業主	61.0
售貨員及有關工作人員	61.6
服務工作人員	
餐旅業經理	68.2
廚師、餐飲服務及有關工作者	57.4
理髮、美容、染髮及有關工作者	60.0
公共安全工作人員	66.4
農、林、漁、牧、狩獵工作人員	
農場場主	59.4
漁業工作者	66.4
生產及有關工人、運輸設備操作工及體力工	
生產監督及領班	63.6
礦工、採石工、鑽井工及有關工人	56.7
木材製造工及造紙工	56.5
化學製造工及有關工作者	62.8

紡織、針織、漂染及有關工作者	59.5
成衣、縫紉、裝飾品製造及有關工作者	59.0
電機、電子裝配工及有關工作者	61.6
印刷及有關工作者	60.6
搬運工	58.8
學徒及其他體力工	58.7

註 1：職業分類標準編碼係根據：1987 年行政院主計處編印之「中華民國職業標準分類」。

註 2：本表僅擇取原量表部分職業，資料摘自 Shu-Ling Tsai and Hei-Yuan Chiu (1991), Construction Occupational Scales for Taiwan, Table 5。

轉引自：謝雨生、黃毅志 (1999)，〈社會階層化〉，收錄在王振寰、瞿海源主編，1999，《社會學與台灣社會》，頁 166。

(二)所得分配不均的原因

所謂的所得不平等可以從兩方面來看：個人方面是指所得差異，總體方面是指所得分配不均。

在個人方面，也可以從兩方面來看：

1.收入偏向於薪資所得者，即受僱者

影響收入差異的個人因素包括有：教育程度、年齡、性別、智商、家庭背景、城鄉差距和工作經驗等。另外，也有的是結構因素，例如勞力市場、政府干預、社會變遷和經濟的轉型等。

2.財產偏向於財產所得者，即雇主（資本家）

有些人的財產是慢慢累積的，有的則是在短時期發大財的，例如近年來特別受重視的科技新貴和網路新貴。不論是哪一種，都有一個很重要的因素，那就是「是否有發財的機會」。當我們在說財富均等時，所指的是實質的平等（如財產的數量、價值等）；而「是否有發財的機會」則是指機會的均等，這兩者是同樣重要的。

在總體方面的所得分配不均有三種原因：

(1)有錢的太有錢，占國民總所得很高的比率。

(2)貧窮的太貧窮。

(3)中間的人口過少，使社會上大部分的人不是貧窮就是富有。

所得不同，生活機會就不同，享有的生活水準也不同。影響所得分配的因素主要有三類：

1.經濟因素

(1)國家的天然資源：資源的多寡、價值及操控者的影響。

(2)財稅制度不完善：不僅無法達到所得重分配的效果，反而使所得差距更加嚴重。

(3)人口因素：人口的多寡、年齡分布會影響國家生產率、生產型態和消費市場等。

(4)各職業的生產率不同：例如農業部門的生產率不如工業部門。

(5)雙重社會和雙重經濟：指國家的發展呈現極端不平衡的現象，有些地區相當繁華、現代化，有些地區則屬於傳統、落後的情形。例如都市和鄉村之間的差別。

2.社會文化因素

(1)人力資源的改進：例如設立多元化的新興科系與學校，醫療衛生品質的提升等，使得工作機會增加、工作年限延長、生產型態改進，降低所得分配不均。

(2)中產階級的重要：中產階級的收入介於貧窮與富有之間，因此如果中產階級人口占全國人口比例高，且又能發揮其政治力的話，就可使所得不均的情形獲得緩和。例如臺灣中小企業的數目多，使得許多人有機會當老闆，也降低了貧富之間的差距。

(3)社會流動的可能：開放的社會，人人有發財的機會，貧富差距可能較緩

和；相反地，封閉的社會，階級分明，貧者恆貧，富者恆富，使貧富差
距加大。

(4)種族文化的異質性：異質性高的地區，較會因種族、文化的不同而產生
貧富不均的情形。例如臺灣原住民和外籍勞工的收入有偏低的傾向。

3.政治因素

(1)制　度

①政府直接參與經濟活動：例如國營事業，雖然有節制私人資本的作用，
但是在經濟效率低和用人不當的情形下，不僅不能達到發達國家資本的
目的，反而可能壟斷了市場。

②政治參與程度：參與越高，則國家經濟政策較能照顧到中下階層的人民，
財富不會操縱在少數人的手中，也可緩和貧富不均的情形。

③工會力量的強度：工會力量若強大，則較能與資本家談判，來提高工資
和其他種種福利，緩和貧富不均。例如近年來，臺灣的勞工因為有工會
的協助，較能夠向資方爭取福利。

(2)菁　英

①菁英分子的強弱：傳統菁英分子通常指的是大地主、資本家，若勢力太
大則全國的土地和財富容易集中在這些人手中，造成貧富極端的懸殊。

②領袖是否致力於經濟發展：政治領袖若致力於國家經濟發展，則會重視
整個國家的利益，而非少數人的利益，就比較不易造成極端的貧富不均。

(三)貧富差距與階級意識

貧窮有兩種定義方式：絕對和相對。**所謂絕對貧窮，指的是收入很少，
連基本生活所需要的食物、衣服和住所都負擔不起。相對貧窮則是指和其
他人比起來有多窮。**它的比較標準會隨著時代的變化而有所不同，例如對
以前的人來說，電話、冰箱、車子等都是很奢侈的東西；但是現在，它們

卻是很基本的東西。在臺灣，絕對貧窮的人並不多，也有《社會救助法》給予照顧。相對貧窮較為明顯，不少新貴的所得很高，讓其他辛苦的大眾感覺有明顯的差距，產生相對剝奪感。

 第二節　社會流動的意義與影響因素

壹　社會流動的意義

社會階層化與社會流動是一體的兩面，階層化是靜態的，流動則是動態的。社會流動 (social mobility) 是指人們從一個社會階層轉移到另一個社會階層或在同一階層之間移動的現象。社會流動依照階層移轉的方向，可區分成四種情形：

一、水平或橫的流動 (horizontal mobility)

同一階層內更換位置，並沒有調升或降低社會地位。例如學生從某一科（或某一班）轉到另一科（或班），或像是木匠轉變為作業員。這種移動雖然改變了他的課程或工作內容，但並沒有改變他在社會上作為一個學生或工人階級的角色。

二、垂直或縱的流動 (vertical mobility)

不同社會地位或社會階層之間的流動，包括調升或降低。當一個人的社會地位調升到較高的階級地位，就稱為向上社會流動；反之，就是向下社會流動。例如學生取得更高的學歷，或是上班族在職位的升遷或降職等。

三、代間的流動 (inter-generational mobility)

親子兩代之間社會階級或階層的流動。例如父親與孩子間的職業改變，

若孩子較父親的地位為高，則稱為代間「向上流動」(upward mobility)。

四、代內的流動 (intra-generational mobility)

指一個人一生之中職業變動的情形，又稱職業流動 (occupational mobility)。

貳 社會流動的類型與模式

社會流動有四種典型的模式：

一、封閉社會的世襲制

此種模式又稱為喀斯特 (caste) 社會，以印度為代表，因為古印度的喀斯特社會把人類分為婆羅門（即僧侶）、剎地利（即武士或貴族）、毗舍（即平民）、首陀羅（即奴隸）和賤民等五種階層。一個人的階級一出生就固定了，並且終身永不改變。階層與階層之間嚴禁通婚、禁止有任何的來往。所以，在這種社會流動模式之內毫無垂直流動，也無代間流動，可能只有部分的水平流動。

二、完全開放社會的流動模式

在完全開放的社會結構中，階層與階層之間的流動毫無限制，或是限制很小；同階層內的流動也很頻繁。也就是說，不僅有水平的社會流動，更有垂直的社會流動。

三、帝制中國的社會階層化與流動

費正清 (John K. Fairbank) 等認為中國傳統社會是相當穩定的。縱然多次改朝換代，一批又一批的人位居高位，統領天下，但其社會結構是沒有明顯改變的。文人做不了皇帝，反而是「好男不當兵」的那批人有可能據

地稱霸，甚至位居要津。一般的人只能「日出而做，日落而息」。這種社會結構可參考社會學者朱岑樓整理的結果，如圖 4-1。

四、混合的社會流動模式

混合型的社會流動指的是，在一個開放模式內存在著封閉模式的社會流動。如圖 4-2 所示。

現代社會的特徵之一，就是社會流動的機會的提高，不論是階層間或階層內的移動都增加了。但是到底什麼是影響社會流動的因素呢？以下我們就一起來探討。

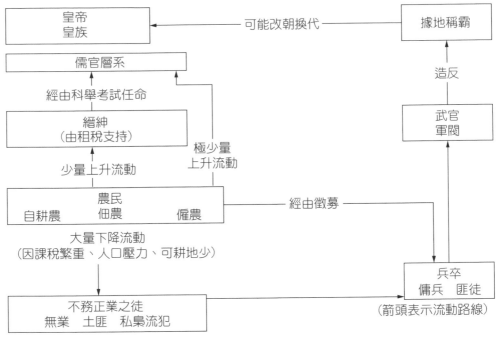

圖 4-1　帝制中國之階層化與流動 (200B.C.–1900A.D.)

階　層	經濟部門		
	金　融	製　造	運　輸
高	・銀行經理 ・大公司會計	・石油工程師 ・廠　主	・鐵路公司總裁 ・飛機駕駛員
中	・銀行出納員 ・保險經紀	・監　督 ・工具製造員	・飛機空服員 ・機場塔臺控制員
低	・銀行傳達員 ・檔案管理	・紡織作業員 ・裝配工	・計程車司機 ・行李搬運工

層與層間的垂直流動

部門與部門間的水平流動

圖 4-2　垂直流動與水平流動

參　社會流動的影響因素

根據社會學者張曉春等人的分析，影響社會流動的因素主要有九個：

一、社會結構

個人所處的社會，是喀斯特或開放的社會結構，將影響個人社會流動的機會。也就是說，社會結構因素是社會流動的先決條件。

二、教　育

教育是影響社會流動最重要的因素之一，因為所得的高低、職業的分配，甚至是生活方式，都受到教育程度的影響。

三、種　族

如果社會中有種族歧視情形的話，就會影響不同種族社會流動的機會。例如在美國社會，黑人與白人之間存在著某些社會流動的障礙，而臺灣原住民也有著類似的問題。

四、社會期望與期待

如果社會期望個人向上流動，並提供各種機會的話，可以增加個人的社會流動。反之，則會限制了個人在階層間或階層內的移動。

五、家庭背景

家庭背景因素中父母親的期望、經濟能力，和家庭子女數的多寡等都會影響個人流動的機會。

六、人口變遷

出生率提高或死亡率降低，使個人向上流動的機會減少；反之社會流動則升高。

七、職業結構改變

隨著經濟的發展，出現新的職業，增加個人在社會階層中流動的機會。

八、晚　婚

根據人口學家研究，個人結婚年齡延後，可能使其向上流動的機會提高，因為不必承擔因早婚所帶來的家庭與子女方面的負荷。

九、子女數目

子女數目多，會限制個人向上流動的機會；反之，子女數目少，則個人向上流動的機會增多。

》》》摘要

　　人有不平等，社會學關心的是「社會不平等」，當人們在收入、影響力和被尊重的程度出現定型、有了穩定的結構，甚至會代代相傳時，就是「社會階層化」。某些團體享受了較多的社會資源，例如生活機會、社會地位和政治影響力，而另一些團體則可能因為性別、族群、職業等因素，長期居於劣勢。

　　「人往高處爬」，人們總是希望擁有較高的社會地位，因此會多讀書、努力工作、設法創業，爭取參與重要團體或競選。這些都有助於社會的流動。

》》》習題

■選擇題

（　　）1.下列何者屬於水平流動？　(A)基層員工升職為部門主任　(B)由替補球員變為先發球員　(C)汽車業務轉行為保險業務　(D)由平凡素人成為當紅歌手

（　　）2.關於功能論對社會階層的看法，下列何者正確？　(A)社會階層是必需且無法避免的　(B)競爭和衝突導致社會階層出現　(C)社會階層阻礙社會具有的功能　(D)工作和酬賞的分配缺乏合理性

（　　）3.韋伯從三方面探討社會階層，請問「不」包括何者？　(A)財富　(B)權力　(C)聲望　(D)性別

（　　）4.傳統重男輕女的觀念，屬於下列何者的展現？　(A)性別認同　(B)性別歧視　(C)生物性別　(D)職業區隔

■是非題

（　　）1.人們常認為男性或女性應有某些特質，此為性別刻板印象。

（　　）2.封閉社會世襲制的社會流動，僅有部分的垂直流動。

（　　）3.父親與孩子的社會地位如果不同，表示有代間的流動存在。

（　　）4.馬克斯認為社會是由資產階級與中產階級所組成的。

■問答題

1.臺灣是不是一個逐漸趨向平等的社會？為什麼？

2.為什麼女性、勞工、農民、原住民等人口群常在發展機會上比不上男性、資本家、漢民族？

3.一個人想要「力爭上游、高人一等」，他該如何在社會允許的管道中努力？

第五章

社會變遷

學習要點

1. 說明社會變遷的本質及臺灣在各方面的快速變遷。

2. 分析社會變遷如何影響著每一個人。

3. 探討每個人如何了解及因應社會變遷。

　　我們常聽到大家這麼說著：「這年頭不一樣了」、「時代改變了」、「這觀念落伍啦」等說法。每天，我們翻開報紙或從電視新聞上，都可知道有新的事情發生，像是聯合國或哪一個世界性的組織又多了一個會員國、哪一國的總理改選又換了人領導，或者又有哪一個國家獨立了……。1980 年代蘇聯解體、東西德統一，到 1990 年代的波斯灣戰爭、北約對南斯拉夫發動戰火等，如今各種科技革命衝擊全球，商業界的購併和重組不斷發生，人們的生活常有不同的面貌，因此這些事情在世界上不斷地在發生著。的確，「唯一的不變就是變」。

　　再看臺灣在這幾十年來，國民平均所得增加了、平均壽命延長了、從農業時代轉變成今日的高科技產業、總統直選、報禁解除、高等教育日益蓬勃、追求男女平權、社會福利漸受重視等。不過，社會問題也越來越嚴重，平均犯罪率增加、犯罪年齡下降，家庭解組、單親家庭越來越多，青少年問題層出不窮，社會上追求個人自我的意識濃厚，比較缺乏為別人著想的心。這樣的情形都在顯示一種現象，就是社會不斷在變動，而且，臺灣變的速度比世界多數國家要快。

　　社會變遷主要是企圖了解從傳統轉變成現代社會中，都市化、工業化、資本主義興起的基本現象，及因此而產生的種種社會、政治、經濟和文化現象的變化乃至問題進行研究。社會變遷一直是社會學所關心的核心領域，因為社會學家相信，社會必須要穩定和秩序才能繼續下去，但是也必須要有變遷，才能應付和適應新的環境與新的需求。

 # 第一節　社會變遷的意義和性質

一、社會變遷的意義

(一)狹義與廣義的解釋

社會變遷的意義可以從狹義和廣義來解釋：

1.狹 義

是以美國社會學家默爾為代表，他認為社會變遷是指有關社會結構的重要轉變，包括社會規範、價值體系、社會制度、社會關係等的改變。

2.廣 義

是以羅爾 (R. Lauer) 為代表，他把社會變遷看做從個人、家庭、團體、組織、社會乃至人類整體在各個層次、各種社會現象上的改變。

(二)社會變遷的定義

社會學辭典對社會變遷的定義是：

1.社會組織的任何制度或社會角色模式的變更。

2.社會變遷可暫時界定為社會結構上任何顯著的轉變。

這就是說，社會變遷是社會行為或大的社會體系的改變，一種長時期、影響範圍大的改變，像是家庭型態由以往的大家庭居多，到現在逐漸傾向小家庭為主；政治制度從君主政體轉向民主制度；整體社會價值觀逐漸重視每個人的尊嚴等改變。我們就可以說，這樣是社會變遷。社會變遷不是小團體中的小變化，例如某個學校裡，今年聘進多少老師，或幾位老師結婚等這樣的小範圍的變化。

所以，我們可以知道，社會變遷就是社會結構、社會體系、社會制度的重要轉變，包括社會規範、價值體系、社會關係，發生在個人、家庭、團體、社會或全人類生活裡，它可能是行為方面的改變，也可能是文化和價值體系的改變。

二、社會變遷的性質

　　社會變遷的性質，就是說社會變遷的特性和內容是什麼，參照蔡文輝 (1992) 與林嘉誠 (1992) 對社會變遷的相關概念所提出的架構及其他參考資料，可整理出社會變遷包含以下幾點性質：

㈠社會進步

1.意　義

　　進步，是指一種導向滿意和期求方向進行的變遷，指社會裡的人對某些問題提出一較滿意的解決方案的長期或短期的社會行動。社會進步是人類所追求的，是一種更好的實現，所以政府以社會進步作為政績，像是經濟發展、都市化、科技生產力、自由民主體制、社會團體成立等，就成了社會進步的標準。

2.相互關係

　　社會變遷帶來了進步，但往往社會進步的反面就是社會退步，例如經濟越發展，環境汙染越嚴重；自由民主越盛行，自我意識提高導致公德心越低；都市繁榮、工商發達，導致人們生活緊張，壓力增加；追求生活品質的提升，所帶來的也有另一面的負面影響，是進步或退步就很難論定，因此用變遷的概念來描述，而不從好、壞的價值來評定。

㈡社會發展

1.意　義

　　發展具有進步的意思，而且還需要注意到發展的過程和結果等。既然

是說進步，那麼如果在發展的過程中，有部分人因此遭受到不必要的痛苦，發展的結果不符合道德，就算有進步，也不能算是社會發展。例如為了經濟成長而犧牲勞工權益，那麼即使得到經濟成長，也不能算是社會發展。

2.相互關係

社會發展具有價值的意義，是有更好、更進步的意思，而社會變遷是指社會改變，整個社會在制度、系統、文化、價值的改變中，一部分可能造成了社會發展和進步，所以社會變遷的性質具有發展的期待。

㈢現代化

1.意　義

現代化是指一個社會的生活型態從傳統、舊有的轉變為有組織、理性的。目前的價值觀、生活方式、文化、政治制度等都深受西方所影響，現代化也就成為變遷的一個方向了。

2.相互關係

在社會變遷的性質中，包含了現代化的意義，也可說是一個指標，但也不完全是指西方化。現代和過去有時間順序的意義，就是過去和現在。現代化很容易和反傳統、流行的、進步等概念聯想在一起，而社會變遷的過程中，的確可能帶來這樣的改變。

㈣社會演化

1.意　義

社會的系統、制度、結構逐漸改變，社會歷經由簡到繁的變化。這些

變化的相關因素也是社會演化的探討重點。

2.相互關係

社會演化是社會變遷的階段性，也就是將社會變遷分成許多階段，社會演化必定帶來社會變遷。

社會變遷有社會進步、退步、社會發展、現代化、社會演化等性質，這些可以幫助我們更進一步、具體去了解什麼是社會變遷，在我們面對所處的環境與社會時，有學習思考、判斷的方向及依據。

綜合而言，我們可以將傳統、現代與 21 世紀的社會（可稱為後現代社會）加以比較如表 5-1。

表 5-1　傳統、現代與後現代社會的特質

	傳統社會	現代社會	後現代社會
主要產業	農、漁、牧業	工業	服務業
主要生產力	自然力、人力、獸力	機器	資訊與知識
生產組織	地緣、血緣組成	科層制	扁平組織
生產方式	與自然結合	大量生產	彈性專業化
國家機器	傳統父權、民族國家	福利國家	競爭力國家機器
時間觀念	自然時間	工業時間	壓縮時間
美　學	自然主義	大而美、精緻的整體	小而美、片段愉悅

資料來源：王振寰、瞿海源主編，1999，《社會學與台灣社會》，頁 624。

第二節　社會變遷的影響因素

一、分析的模型

美國社會學家史美舍 (N. Smelser) 認為研究社會變遷需要先了解：

1.哪些部門變了？

2.什麼時候開始？什麼時候結束？

3.變遷的原因是什麼？

4.有哪些理論可以解釋？

社會變遷的研究和解釋一直是社會學家不斷努力的，但是人類的活動和複雜的社會演變一直沒有一種定論，只能嘗試用某種理論或模式來解釋其中的一些層面，用這些獲得的結論作為分析現象的依據。

美國社會學家默爾將社會變遷的方向整理成十個模式，請見圖 5–1。

模式 1：簡單直線進化

最常用的一種變遷方向，但是實際上是不存在的，因為沒有一個社會的變遷會這麼單純。例如從無文明社會直接到文明社會。

模式 2：階段進化

認為社會必須有突破才能帶來變遷，而並非持續不斷的，這個突破包括物質上和非物質上的變化。物質上例如因為蒸汽機的發明而進入工業時代、電腦的發明而進入資訊時代等；非物質上例如君權神授時代君主代表一切權力，到人人均有平等權利的民主時代，都是經歷了許多階段性的變化的。

模式 3：不等速進化

認為人類的歷史是以不均等的速度、漸進式改變的。每一階段所發明新的事物所帶來的改變，都需要適應或有所因應，所以改變的速度會不一定。

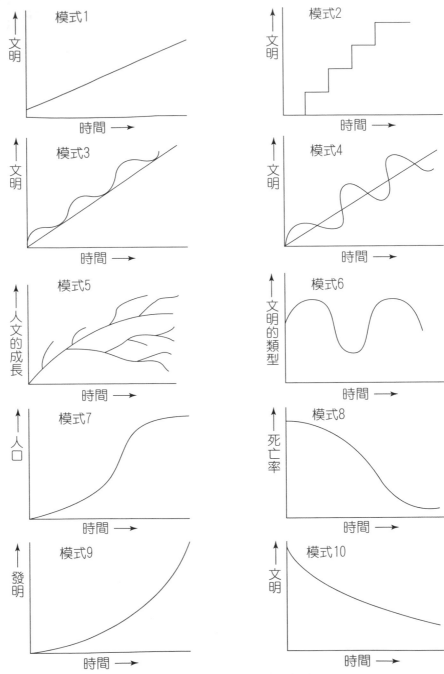

圖 5-1　社會變遷的十種模式

資料來源：　1. Moore, 1974, *Social Change*, p. 36.

　　　　　　2.蔡文輝，1982，《社會變遷》，頁 47。

模式 4: 循環式進化論

歷史學家史賓格勒 (Oswald Spengler) 和湯恩比 (Arnold J. Toynbee) 均主張這個理論，認為人類文明史基本上是「成長－發展－成熟－衰退」的循環過程。

模式 5: 分枝進化論

強調社會的多元，有的進步、有的停滯、有的退步。在分枝的圖上，代表有的進步、有的停滯，這種分析的概念提供有用的人類歷史法則。

模式 6: 無固定方向的循環

認為人類的變遷只不過重複以往發生過的事而已，沒有顯著的進步或改變。

模式 7: 人口成長模式

主要用來說明人口成長的情形。

模式 8: 人口死亡率模式

主要可用來說明人口死亡率的變化。

模式 9: 複利式成長論

認為社會現象的成長有時像存款上的複利，會越滾越大，工藝技術的發明可能有此種狀況。

模式 10: 倒退論

認為人類文明的黃金時期已過，目前是沒有進步，反而有倒退現象。

這些分析社會變遷的模式，都包含了時間及數量（比率或成長指數），而且每個分析模式之間不全然是對立的，可以看做是社會的不同面向，用不同的角度來看待變遷的過程。這些分析模式提供我們不同的思考角度來了解社會的變遷。

二、影響因素

學者用來分析社會變遷的模式是提供一種思考的方法，再來是要了解實際上影響社會變遷的原因有哪些，在人類的歷史上，是什麼原因在改變我們的生活、歷史與社會。社會變遷的因素相當複雜，不是由單一因素造成的，我們整理了以下幾個因素：

㈠工藝技術

大多數的社會變遷都是由物質文化的變遷，尤其是技術發展所觸發的。例如發明汽車、火車，縮短了交通時間，人類可以利用更多時間從事其他事情，若非工業革命，商業不會如此發達，都市不會如此繁榮，人們的生活不會如此緊張。又如電視的發明讓人類有了新的娛樂習慣，網際網路的發達讓世界上的資訊在瞬間就呈現眼前，但也可能帶來網路犯罪。工藝技術如何來改變社會呢？蔡文輝 (1992) 提出了三點說法：

1.增加了人類生活的範圍

例如以往要到其他國家可能要花上半個月或一個月坐船才能到達，但飛機發明後只需數小時或一天的時間，人類便可在半個月或一個月內來往好幾個國家，大大增加了生活的範圍。

2.可能影響了人們的互動方式

例如網際網路的發明讓人們可以靠著電子郵件迅速接收彼此的訊息，

以往寄一封信到美國要花上一星期的時間，時效性很低，一來一往大概要花上一個月，降低了聯絡的時效與意願。但透過電子郵件卻只要幾分鐘，甚至幾秒鐘的時間便可讓對方收到訊息，大大提高了效率，使人們只需透過電腦就可辦理各式各樣的事情了。

3.可能帶來新的社會問題

電子通訊的發達讓人們的通訊、聯繫都相當方便，節省相當多的時間，也提高了做事的效率。但現在有許多人利用行動科技來犯案、綁架勒贖，使警方不容易查到通訊記錄，還有考試時利用電子器材來舞弊，這些都是因為工藝技術的發達所帶來的新問題。

㈡意識型態

意識型態 (ideology) 是指一種思想、觀念、價值上的層次，小到個人的價值觀、中心思想、信仰理念，大到一個社會的道德觀、集體價值都可說是屬於意識型態。很顯然地，意識型態的改變徹底影響人們的思想，例如重視實證、講求功利等，都是近代盛行的思潮。

1.意識價值能指明變遷的方向

它能使舊有的秩序改變，產生對新秩序的嚮往。例如「現代化」的意識觀念，我們會常聽到，要朝向更現代的方向去做，或者第三世界、開發中國家以朝向現代化國家的方向為目標。這個現代化不論是指西方化，或象徵一個比現有社會更好的狀態，都是一種意識型態，指引變遷的方向。

2.意識價值有鼓勵作用

指人因為有自己的信仰價值、自己認同的理念，而朝著這個方向去前進。例如為了環保的信念而成立環保組織，進行環保的社會運動，還有像

反核四、反杜邦在臺灣設廠、反美濃水庫興建等，就是一種因意識信念而鼓勵人們推動變遷的例子。這也帶動了社會上環保意識的抬頭，使得社會朝向注意環境保護和經濟發展平衡的方向。

3.意識價值創造改變力量

在人類歷史曾有一些改變社會的思想，例如 18 世紀的自由主義，提倡人道觀念，認為人人平等及應受尊重，導致民主政治的發展。又如社會主義，其實社會主義的思想早在希臘哲學家柏拉圖 (Plato) 時就已提出理想國的共產觀念，在 20 世紀被共產主義者作為政治性的運用，而有共產國家的興起，這些都是因為意識型態而使得社會朝向變遷途徑的例子。近代的趨勢則是強化科技的應用和建立地球村。

㈢競爭與衝突

競爭往往是為了想得到某些結果或想有所改變，在競爭的過程中，常常會帶來衝突，衝突可能引起重視，可能帶來改變，可能帶來日後深遠的影響。

1.競爭帶動革新

競爭帶來革新的力量與成分，政黨競爭就是一個很好的例子。若只有一黨，政府因為沒有相當力量的在野黨的監督，容易安於現狀及不思改革；如果有在野黨的競爭與監督，為了人民的支持，會努力革新，提出對國家人民更有利的政策，帶動國家社會的進步，進而使得社會變遷。所以政黨競爭長遠來說，對社會是一個帶動革新的因素。

2.衝突帶來變遷

衝突是造成社會變遷的主要原因。龍冠海把衝突分為下列幾大項：

⑴經濟的：例如勞資衝突。

⑵政治的：例如政變或政治革命。

⑶宗教的：例如宗教戰爭。

⑷思想的：例如主義或學派的衝突。

⑸兩性的：例如男女關係的衝突。

⑹年齡的：例如代溝問題的衝突。

⑺家庭的：例如家庭分子間的衝突。

⑻社區的：例如社區內部或社區與社區之間的衝突。

⑼階級的：例如階級之間或階級內的衝突。

⑽種族的：例如種族間的衝突。

⑾國際的：例如國際戰爭或衝突。

　　衝突在各種層面都會發生，小至個人人際關係中，大至國家、國際間，其影響可能造成社會某些制度的改變，進而使得社會漸進改變。例如因為勞資衝突、勞工爭取權益之下，政府改變勞工法規（如《勞工保險條例》、《勞動基準法》等），使得勞工就業、生活都更有保障，這也代表勞工意識提升，相關的制度有了改變。所以，衝突能使原本的制度、想法、意識等問題凸顯出來，進而思考如何改變或進行改變，這是帶動社會變遷的原因之一。

㈣政治與經濟

　　政治的影響層面可說是相當廣，與我們的生活息息相關。政治的運作，可以制定相關的法律規章，例如民生法令、社會政策、經濟政策、環保政策，這些都規範了個人的行為，也規範了團體、社會行為的正當性，使得一個社會在秩序和道德中正常運行。當一個國家的政治不穩定，社會正常的規範無法運作時，可能造成政權更替或政變、軍變，人民也就失去安全的保護，社會也可能因此退步。

　　政治這個因素在社會上的影響，可說是透過政府這個機制來造成。政府在經濟發展過程中可能影響變遷的速度和方向（蔡文輝，1992）：

1. 政府可以製造出一個有利經濟發展的環境。
2. 政府可以管制協調經濟的發展。
3. 政府可以直接介入參與經濟計畫和發展。

　　社會學者彭懷真 (1984) 也從我國政府過去的經濟發展經驗歸納出「計畫變遷」(planned change) 的重點如下：

1. 菁英分子提出有效的策略，並認真施行，可以減少變遷的阻礙。例如政府不斷透過新經濟策略的擬定與執行，以面對變遷中存在的問題。
2. 變遷免不了有代價，事前有計畫地帶動變遷，可以減少社會成本。社會的變遷，總有人獲利，另有一些人受害，變遷必定是有代價的，因而政府希望透過計畫，避免較多社會成本的付出。
3. 計畫的變遷可以協助變遷方向的控制，掌握變遷的速度，減少因變遷而有的痛苦，增加改變所能產生的利益。例如追求經濟現代化是變遷的方向，所擬定的計畫是以控制此方向為準的；在追求經濟現代化的過程中，也需考慮到，如何確保國家安全和社會秩序，以增加變遷所產生的效果。
4. 一個有計畫的變遷，必須考慮：目標是什麼？情境如何？會遭遇哪些困難？怎樣採取適當步驟等問題，綜合地說，就是計畫模式的選定。例如我國四年經建計畫的設計，大都採用聯合國遠東及亞洲經濟委員所建議的杜馬─哈羅德模式 (Domar-Horrod Model)，以規劃整體經濟情勢。

　　計畫性社會變遷可以協助一個國家社會減少許多錯誤和摸索，但是社會變遷的速度不一定能掌握，社會變遷也可能產生許多問題。在變遷與問題中，社會不斷向前走，也可說是不斷「現代化」。

　　一個穩定、有力、有效率的政府可以提供良好的環境，制定經濟政策，並且帶來雄厚的財力加入經濟計畫的運作。經濟體系是最主要的社會變遷原因，不管資本主義經濟或共產主義經濟，都是在解決人類的資源分配問

題。在資本主義經濟下，人人可以追求自己的經濟利益，在臺灣，中小企業蓬勃發展，造就臺灣的經濟奇蹟，國民的平均所得提高，在經濟上滿足之後，有餘力追求更高層次的生活，也帶動文化、體育、娛樂事業，使得國民整體素質提高，社會的發展更加快速，也創造了許多經濟制度，帶動社會發展。

㈤社會運動

社會運動可分為私益性及公益性，私益性運動像是爭取自己所屬職業團體的利益，公益性團體像是環保團體、人權團體，為了保護環境、人權等社會整體的利益和長遠發展而提出社會運動的訴求。社會運動的功能有：

1.凸顯社會問題

有的社會運動旨在喚起社會大眾注意問題的存在，並凝聚社會對問題的意識和共識，形成一種討論風潮，逐漸帶動社會思考問題的能力。

2.解決社會問題

有的社會運動就是要改革社會上現有的不公平、不適當的制度，或是創造思潮，改革舊有、不合時宜的觀念，而進行有主題、方向明確的社會運動。例如婦女及相關團體提出婦女人身安全問題的嚴重性及背後的理念，透過街頭運動希望帶動政府部門的重視，並能擬定具體法令、作法，解決婦女人身安全的問題。

3.提出理想的社會模式

社會運動在提出和進行時，多半都有訴求的理念和理想以作為運動的目的。這些可能包括合理的勞資制度、安全的生活環境、兩性平等的工作環境等。這些理想的訴求，帶動社會發展的方向，也是影響變遷的原因。

　　這一方面，我們可以參考英國社會學者的經驗，他們具體調查社會問題，對社會問題做全面的分析和深入的研究，並形成具體的政策。社會學者有如「社會診斷者」，運用其知識從事必要的調查和解釋，這有如一種社會改造的工程。我國著名社會學者王振寰、瞿海源 (1999) 曾將英國模式說明如圖 5-2、5-3。

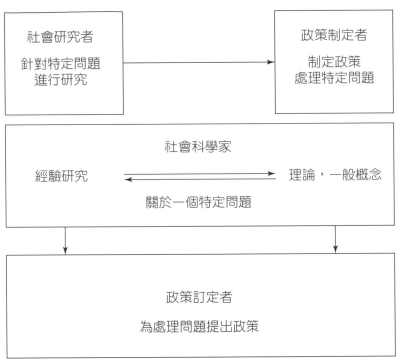

圖 5-2　英國經驗主義社會科學應用到政策制定上的模式

圖 5-3　應用社會科學的工程模式

資料來源：譯自 Martin Bulmer, 1982: 43。

㈥文化傳播

　　文化傳播帶來與其他國家、其他社會的接觸機會，可以學習、了解其他文化的特色。像臺灣長期深受美國、日本所影響，不管思想觀念、生活方式、藝術等方面都展現文化融合的現象。

　　臺灣早期在日本統治之下，音樂深受日本演歌的影響，創作出許多膾炙人口、至今仍受喜愛的臺灣民謠，這些歌曲的曲風仍然影響臺灣的流行音樂，還有日本的服裝風格、顏色、設計也影響臺灣的服裝界。後來還興起哈日風潮，不管青少年的流行文化，像是刺青、模仿日本原宿青少年的裝扮，還是偶像日劇、日本玩偶 Hello Kitty（凱蒂貓）、Doraemon（哆啦A夢）、皮卡丘的風行，使得臺灣形成一種崇日的社會風氣，彷彿只要是日本所生產就一定比臺灣好，也帶動了以日本為標竿的作法，對社會發展有所影響。

　　其實，中華文化對日本的影響也是很深遠，包括日本的和服、文字都是源自中國，這些都是文化傳播的力量，帶動了社會變遷。

第三節　臺灣社會變遷的趨勢與問題

　　臺灣在這幾十年來的社會變遷相當快速，包括人口結構、社會結構、經濟與政治結構、社會價值觀、家庭型態、人際關係等都有很大的變化，這些變化帶來了一些問題，也創造了臺灣的進步或改造。

壹 人口組成

　　人口結構可以看出一個國家的人力資源狀況，能依此制定各項政策，同時也能預測國家人力的發展。臺灣地區近年來人口的主要變遷有出生率及死亡率降低、人口自然增加率降低、人口年齡結構青壯化、國民平均壽

命延長等現象，以下扼要說明：

一、人口成長率

臺灣在戰後出生率不斷上升，加上醫藥進步、國民營養改善，致人口快速成長，在 1950 年時人口自然增加率為 31.82‰，1964 年時，政府實施家庭計畫及人口政策，有效抑制出生率，使人口自然增加率降低。近年來由於出生率的降低，人口自然增加率有持續下降的趨勢（見表 5–2）。

表 5–2　臺灣人口之自然增加率

年　度	人口總數 （千人）	粗出生率 （千分比）	粗死亡率 （千分比）	自然增加率 （千分比）
1950	7,554	43.29	11.47	31.82
1960	10,792	39.59	6.96	32.63
1970	14,676	27.19	4.91	22.28
1980	17,866	23.38	4.76	18.62
1990	20,401	16.55	5.21	11.34
2000	22,277	13.76	5.68	8.08
2010	23,162	7.21	6.30	0.91
2014	23,434	8.99	7.00	1.98

資料來源：內政部戶政司。

二、年齡分配

因出生率降低、國民平均壽命延長，使得臺灣目前的人口結構有青壯化及老年人口增加的趨勢。由表 5–3 可看出，15～64 歲的青壯人口占總人口七成多。臺灣未來的人口趨勢問題，主要是人口結構老化的現象。臺灣在 1993 年時，老年人口（65 歲以上）占全國總人口的 7.1%，已正式邁入

聯合國所謂的「高齡化社會」；到 2006 年時，老年人口占總人口的比例已突破 10%；預計到 2036 年時，將占總人口的 20.51%，也就是約 5 個人裡就有 1 個老人。屆時，會產生國民勞動力不足、扶養負荷過重等問題。

表 5–3　臺灣近年人口年齡結構

單位：百分比

年　度	0～14 歲	15～64 歲	65 歲以上	扶養比
1950	41.42	56.08	2.50	78
1960	45.44	52.07	2.48	92
1970	39.66	57.42	2.92	74
1980	32.12	63.59	4.29	57
1990	27.08	66.70	6.22	50
2000	21.11	70.26	8.62	42
2010	15.65	73.61	10.74	36
2014	13.99	74.03	11.99	35

資料來源：內政部戶政司。

三、人口密度

臺灣的人口自然增加率雖有降低的趨勢，但在有限的土地上，歷年來每平方公里的人口數一直在增加，且有集中於都市的現象（見表 5–4）。

貳　教育發展

臺灣的教育發展最顯著的趨勢就是教育普及與教育程度提高。教育的普及是現代化的特徵之一，與經濟發展、工業化是息息相關的。

表 5-4　臺灣人口密度分布

單位：人／平方公里

年　度	人口密度
1950	210
1960	300
1970	408
1980	494
1990	564
2000	616
2010	640
2014	647

資料來源：內政部戶政司。

表 5-5　臺灣地區近年 6 歲以上人口教育程度

單位：百分比

年　度	研究所	大學院校	專科 二、三年制	專科 五年制後二年	專科 五年制前三年	高中、高職	國中、初職	國　小	自　修	不識字
1997	0.69	6.82	4.49	4.00	0.39	30.17	24.35	22.97	0.79	5.34
2000	1.24	8.63	6.47	4.06	0.47	30.88	21.74	21.37	0.68	4.45
2003	2.52	13.42	7.57	5.96	0.57	33.08	15.66	17.69	0.53	3.03
2006	3.46	16.23	7.56	5.42	0.52	32.92	14.75	16.17	0.46	2.52
2009	4.42	19.29	7.18	4.97	0.50	32.34	14.04	14.78	0.39	2.09
2012	5.52	22.27	6.95	4.71	0.52	31.33	13.24	13.41	0.33	1.71
2014	6.14	24.16	6.86	4.59	0.53	30.61	12.73	12.58	0.30	1.50

資料來源：行政院主計總處。

一、教育的普及

從表 5–5 中，可以看出不識字的人口比例明顯降低，顯示受教育的人口提高、教育普及的現象。

二、教育程度的提高

例如國民教育的延長、五年制專科學校的設置、技職教育系統的建立、及近幾年來專科學校改制成學院、科技大學，顯示臺灣教育程度提升的趨勢與需求。依表 5–5 所示，大學院校及研究所教育程度者明顯增加，國小及國中則明顯減少，由此可看出臺灣人民的教育程度有提高的趨勢。

參 經濟發展

經濟發展的成果可說是臺灣最引以為傲，也是國際間對臺灣印象最深刻的成績。「臺灣模式」、「臺灣經濟奇蹟」等詞語，也被普遍接受及使用。經濟的成長帶來了人民所得提高，將臺灣由低度開發的國家，帶往開發中國家的行列，並以穩定的速度發展之中。

臺灣的經濟發展成就，可從經濟成長、產業結構變遷等方面來了解。

一、經濟成長

在經濟成長方面，過去每年的經濟大致都有程度不一的成長。平均每人國內生產毛額 (GDP) 數十年來則有明顯的成長，但與亞洲四小龍相比，我國的 GDP 仍偏低。

表 5-6　經濟成長率與國民平均所得

年　度	經濟成長 (%)	平均每人 GDP（美元）
1955	7.72	216
1965	11.89	229
1975	6.19	985
1985	4.81	3,315
1995	6.50	13,129
2005	5.42	16,532
2014	3.74	22,632

資料來源：中華民國統計資訊網。

二、產業結構變遷

　　伴隨著經濟快速的成長，臺灣的產業結構有很大的變化，臺灣由一個農業社會成為新興的工商業社會。臺灣歷年主要的經濟策略可以從 1950 年以農工產品出口為主獲取外匯，1960 年代的加工出口政策，1970 年代的第二次進口代替政策，政府鼓勵廠商提升技術能力、研究發展，投資精密產業，維持原有的出口優勢，1980 年代的精密工業出口政策，提出自由化、國際化政策、降低關稅、開放外國產品進口，到 1990 年代，高科技產業成為政府經濟發展重點，資訊業等也為臺灣帶來不少貿易外匯。

　　臺灣經濟發展最重要的一個策略是發展以出口貿易為主的工業，出口貿易為臺灣帶來國外資金及技術，也提高國內的工業技術和商業管理的新觀念。由表 5-7，可以了解 1970 年代後臺灣的進出口貿易快速成長，而且幾乎以倍數成長，這也為臺灣帶來豐富的外匯存底，打下臺灣經濟奇蹟的基礎。

表 5-7　近年臺灣地區商品進出口金額統計

單位：百萬美元

年　度	商品出口	商品進口
1971	2,061.30	1,844.10
1981	22,686.40	21,235.40
1991	76,562.60	63,142.00
2001	126,314.30	107,970.60
2011	308,257.30	281,437.50
2014	313,695.90	274,026.20

資料來源：財政部貿易統計資料。

肆　政治變遷

　　臺灣近年的政治發展趨勢，是逐漸走向民主憲政的方向。雖然在國民政府遷臺的數十年來，面臨中共的內外打壓及國內社會發展的考驗，但仍是朝向自由民主的方向發展。臺灣在近年來的政治變遷，大致可以從戒嚴時期和解嚴之後兩個階段來看。

一、戒嚴時期

　　這段時期從 1949 年國民政府遷臺起，到 1987 年解除戒嚴為止。雖然是以三民主義所規範的政治體制為原則，但實際上兩位蔣總統是強權領導，即使強調民主憲政及政黨政治，實際上仍由國民黨一黨支配。這個階段的政治體制比較不民主。

　　這個階段實施黨禁、報禁，傳播媒體也不開放，民眾集會也都受到某種程度的限制，所有的傳播管道，及有關思想、言論等自由，大大控制在執政黨的範圍之中。所以，戒嚴時期的臺灣，傾向於威權機構的獨斷，政治參與、社會自主性低落。

二、解嚴之後

在解除戒嚴之前，臺灣的政治已有轉型的趨勢。在蔣經國總統晚年時，做了幾項措施，包括拔擢臺籍菁英，在體制之中進行重組，挑選李登輝先生為副總統，設定政權本土化的走向，及 1986 年容許民進黨的成立等。然後，緊接著解除戒嚴、開放黨禁、開放大陸探親等，奠定臺灣政治民主化的走向。李登輝總統依序進行憲政改革，訂定改革時間表，同時推動與中共溝通、務實外交、進行總統直選等。政黨政治也不再一黨獨大，民進黨、新黨、建國黨的陸續成立對於臺灣民主化的速度有相當的影響，在野監督的制衡，也使得國民黨加速改革的腳步，臺灣在這階段中已逐漸走出威權體制。2000 年的總統大選，民進黨獲勝，成為執政黨，國民黨則成了反對黨，而親民黨也組成，代表另一股制衡力量。2008 年國民黨再度奪回政權，形成第二次政黨輪替。

在這段期間，民間的力量可說是相當蓬勃發展，逐漸重視民主意識、尊重人權等觀念，致使民間各種自力救濟開始興起，包括環保運動、勞工運動、婦女運動，弱勢族群也開始組織起來，爭取各種應有的福利和權益。新興的報紙、雜誌、電視、電臺等都一一成立，社會的自主性提高，凝聚出各種意識，發揮了監督政府的力量。這些都是促使臺灣走向民主政治的因素，也是社會進步的要素。

伍 職業分配的變遷

職業分配包括行業結構、職業結構。所謂行業結構，就是把就業人口分為三類行業，第一類行業包括農、林、漁、牧、狩獵，簡稱農業。第二類行業包括礦業、土石採取、製造、營造、水電燃氣等行業，簡稱工業。第三類行業包括商業、運輸、倉儲通信、金融、保險、不動產及工商服務、社會團體及個人服務業，簡稱服務業。

職業結構，則是將就業人口分為：

1. 專門性、技術性及有關人員。

2. 行政及主管人員。

3. 監督及佐理人員。

4. 買賣工作人員。

5. 服務工作人員。

6. 農、林、漁、牧、狩獵工作人員。

7. 生產及有關人員，運輸設備操作工及體力工人。

其中，前五類較接近中產階級，或稱白領階級，第六類較接近農民，第七類則較接近工人階級。

從臺灣地區的職業分配情況中，可以作為了解社會階級的分布狀況的參考。

一、行業結構

從表 5–8 可看出，農業的就業人口逐漸減少，工業及服務業則逐漸增加，1990 年後服務業的人口增加速度大於工業，顯示服務業的成長超越工業。

二、就業結構

根據許嘉猷 (1992) 的研究，臺灣的就業人口中，顯示世襲比例為五分之二，流動率為五分之三，主要是因為工商業發展，農民、工業、服務業人口組成不同，形成結構性的流動（龐建國，1993）。近年來，人數較多的前五類的就業人口更是快速增加，而且不乏靠個人的能力獨創局面，這顯示臺灣地區職業分配與社會階級、社會結構的快速流動。

表 5-8　臺灣地區就業人口行業分配百分比

單位：千人

年　度	農林漁牧業	工　業	服務業
1980	1,277	2,784	2,487
1985	1,297	3,088	1,327
1990	1,064	3,382	3,837
1995	954	3,504	4,587
2000	740	3,534	5,218
2005	590	3,619	5,733
2010	550	3,769	6,174
2014	548	4,004	6,526

資料來源：行政院主計總處。

陸 文化價值的變遷

臺灣近年在文化價值的變遷方面非常快速及多元，包括傳統道德觀、思想價值及重視的層面都有很大的轉變。

楊國樞對中國人的心理性格及價值觀的變遷做了研究，整理如下：

表 5-9　傳統社會與現代社會價值觀的比較

	傳統社會	現代社會
社會生產型態	農業社會	工業社會
價值觀	社會取向、權威性格、外控態度、順服自然、過去取向、冥想內修、依賴心態、偏好趨向、特殊主義、懷疑外人	個我取向、平權性格、內控態度、支配自然、未來取向、行動成就、獨立心態、容忍歧異、普遍主義、信任外人
社會化內涵	依賴訓練、尚同訓練、自抑取向、謙讓取向、安分取向、懲罰取向、以父母為中心	獨立訓練、尚異訓練、表彰取向、競爭取向、成就取向、鼓勵取向、以子女為中心

資料來源：楊國樞，1981，〈中國人性格與行為的形成與蛻變〉。

從以上的研究可知，臺灣的文化價值變遷有以下幾點特性（葉至誠，1998）：

1. 個我取向：個人利益重於社會利益。
2. 平權性格：抗拒傳統權威，抵制權威的操控。
3. 內控態度：將個人的成敗歸於內在因素。
4. 支配自然：征服、支配自然。
5. 未來取向：改變傳統的保守主義，積極爭取未來。
6. 行動成就：強調外在行動的重要性。
7. 獨立心態：擺脫希望別人照顧、保護、支持等的心態。
8. 容忍歧異：能接受別人的差異、邁向多元特質。
9. 普遍主義：講求法規，一視同仁。
10. 信任外人：強調專業屬性，尊重專業能力。

從以上學者的研究及整理，我們可了解現代臺灣社會的文化及價值觀，大致有幾點特性：

一、個人主義盛行

重視自身的權益，以法規、專業、公平競爭為基準，重視個人有沒有能力，所以能尊重別人的差異性，同時也追求個人的獨特性，包括在外表的造型、做事的方式、待人處事的態度等，越能表現出與眾不同，就越能顯出自己的價值，傾向於對自己負責、自己喜歡就好的原則。

二、現實主義增強

以實際的利益追求為目標，傾向功利的態度，道德取向減少，著重在權利、義務的層面上做考量。敢挑戰傳統，不像傳統上重視人際關係的和諧，不再是傳統上的以和為貴的方式。所以，現代社會的人情味不再像以往濃厚，不再可以不計代價地幫助別人，或抱著不防衛的心態對待別人。

三、社會價值多元化

個人主義盛行、重視人權、尊重個人的差異性等特性，顯示出這個社會的價值觀越多元化，因為每個人的想法、感受都需要被尊重，那麼就容易形成多元價值觀。在這種情形之下，也容易形成似是而非、社會規範不清、令人無所適從的情形，現在的少年在這樣的社會風氣影響之下，難免受到誘惑、混淆，導致偏差行為，而成人也是如此。多元的價值觀其實可顯示出一個社會的生命力和創造力，也產生一些很有價值的觀念及言論，當然也需要更多的思考及反省，才不會分辨不清。

四、享樂心態增強

現代的社會由於工商業發達，個人所得增加，不再像以往沒有時間、沒有多餘的消費能力去遊樂。加上行業類別、生活方式的多元，休閒方式、遊樂方式也越多樣，加上現代人的功利性，講求當下的掌握，所以享樂主義盛行，造成社會追求個人享受，容易形成奢靡不振的風氣，這是值得我們警惕的地方。

柒 家庭的變遷

因為時代的改變、社會的變遷，家庭的轉變也相當大，包括家庭的組成型態、家庭的功能、親職教育的觀念，及傳統的家庭觀念等都有改變。

一、家庭型態多元

以往傳統的家庭型態多是大家庭，即父母、兄嫂、夫妻及其子女等住在一起，或是折衷家庭，即是夫妻與父母及子女同住的型態。但現代家庭的型態漸趨多元化，包括夫妻同住，但是兩人都有工作的雙生涯家庭；或夫妻因工作所需，必須分居兩地的通勤家庭；及沒有子女的不完全家庭等。

二、家庭功能轉變

傳統的家庭功能基本上包括經濟、保護、教育、娛樂、生育、情感等功能。

1. 經濟：在傳統上，家庭是一個生產單位，現代的家庭則成為一個消費單位。
2. 保護：即保護家中成員的安全。
3. 教育：包括語言的學習、行為規範、人際關係的學習。
4. 娛樂：家庭提供家人休閒娛樂的功能，有助於家人情感的凝聚。
5. 生育：生育是家庭的重要功能之一。
6. 情感：家庭最主要的功能就是滿足每個家庭成員的情感和愛的需要。

在社會變遷中，家庭的一些基本功能雖被社會上其他機構、機制所替代，但不論功能式微或被取代之情況為何，家庭的社會化和情感支持仍然是核心功能（伊慶春，1997、謝秀芬，1989）。也就是說，家庭對子女的教育、情感的支持是難以完全被取代的，個人經由家庭教養，以發展人格，並學習社會規範和適當的行為。

三、親職教育漸受重視

從前的農業社會中，家庭大都只求溫飽，對孩子的教養觀念也多是要求孩子聽話，做好家事為優先，至於上學唸書只不過是行有餘力的事。親子之間的關係以父母的權威為主，小孩只是「有耳無嘴」。但在現代，許多家庭功能被取代，孩子受到社會、學校的影響很大，父母也很難再以威權的方式管教孩子，親子之間的關係越來越受重視，強調尊重孩子的自主性、思考力，及親子之間良好的溝通，父母不再永遠是對的，父母也需要學習如何扮演好自己的角色，這是現代家庭一個很大的轉變。

四、傳統觀念式微

在現代的家庭中，有些觀念已有很大的轉變。例如傳統上認為與父母住在一起，奉養父母是天經地義的道理，及敬老尊賢、家有一老如有一寶等觀念，在現代的家庭中已不全然被接受。現代的人受到西方思想的影響，認為成家後不一定要和父母住在一起，也不再以父母的話為圭臬，有的人反而嫌父母老了是一個累贅，虐待老人、疏忽照顧，或將父母送入安養院等都時有所聞。

在這樣的觀念轉變中，年輕人多了些自主性，但也帶來獨居老人、老人沒人照顧等問題，而且惡意遺棄父母、不管父母的需求等觀念被社會上普遍接受的話，那麼可能會助長這樣的社會價值觀，促使老人問題越來越多，這是值得加以注意的。

捌 兩性關係的變遷

兩性關係一直是主要的人際關係，也依此發展出社會規範、性別角色期待。但是，自古以來，兩性的角色扮演及關係存在著許多不平等及刻板化的現象。男主外，女主內，是世界主流的兩性角色期待，而且男性多握有權力與財富，女性多為附屬於男性的角色，缺乏身為人的自主性。

在邁入 21 世紀的今天，傳統的性別角色期待，女性三從四德的觀念已不能被接受，男性應該扮演一個強壯威武的角色等觀念也逐漸改變。這也影響到社會的權力、財富分配，不再只集中於男性身上，女性在社會上逐漸發揮影響力。兩性逐漸走向互相尊重的方向，是未來兩性關係的趨勢。

一、兩性平權觀念受重視

個人主義的盛行，尊重人權的觀念，帶動婦人意識、婦女運動、女性主義的興起，而有兩性平權的觀念。15 世紀起，西方有了專門論述婦女權

力與價值的文章，19 世紀，一群婦女群起反對女性彷彿為奴隸的地位，而稱之為婦女運動的第一波（彭懷真，1998）。在臺灣，於 1970 年代初期，呂秀蓮提出新女性主義，掀起婦女運動第一波，呼籲社會重視男女不平等的現象。解嚴之後，臺灣更出現許多婦女團體，為女性的法律保障、工作權、人身安全、婦女參政、婦女福利等方面做努力，同時也帶動社會上對男女刻板的角色觀念、男女不平等的現象做思考與反省的風潮。政府也開始擬定婦女福利、婦女政策白皮書，修訂對婦女不公平的相關法律，並倡導兩性平權的觀念與想法。

女性意識、女性主義已成為 20 世紀最強勢的思潮，帶領社會不斷地去檢視兩性之間的差異與不公平，檢討男尊女卑、重男輕女的觀念。希望這個社會走向兩性平權，兩性之間互相尊重與協助。

二、性關係趨向開放

性關係的開放可從婚前性行為的比例增加，及對婚前性行為的態度的轉變來看。婚前性行為方面包括：第一次性行為的年齡下降、婚前性行為增加、一夜情增加、性伴侶增加。

從婚前性行為的增加來看，不難看出現代人對於婚前性行為的接受態度越來越高。而且，因為色情場所的增加、性觀念的開放，更增加了所謂一夜情、性伴侶多重的情況，現在更有網路一夜情的出現。

現代人對於性觀念的開放，有人認為是性別角色的鬆綁、是性的自主權，或者認為把握當下的享受有何不可的觀念。在現代這樣重視個人權益的時代裡，很難評斷個人的行為，但最重要的是，如何保護自己不受傷害或不去傷害別人，包括安全的性行為，避免未婚懷孕、感染性病，或介入別人的家庭等，都仍是值得加以注意的。

三、兩性互動機會和方式增加

現代的人際互動頻繁，交往機會和場合增多，使得兩性的互動有更多管道、方式和機會。包括朋友之間的聚會、班級聯誼、同事聚餐、還有各種社團、讀書會、登山社、學習性的社團等，都比起以往的社會有更多機會互相了解。增加對兩性的認識，有助於建立正當及健康的兩性觀念，進而有機會交往。特別是現在有了網際網路，可運用電子信箱、網路交友，增加機會和聯絡速度，更擴大了兩性的互動機會。

兩性互動機會增多的情形下，人際之間的感情交流也增多，特別是朝夕相處的同事之間。現代有許多的辦公室戀情、辦公室外遇等都是因為相處的機會多，而兩性的聚會、交往又被視為正當的情況之下，使得感情在不知不覺中滋長。

不過，雖然現代社會的兩性相處、交往的機會頻繁，使得人們容易尋得情感的交流與支持，滿足情感的需求，進而也較容易找到人生的伴侶。但是，兩性的互動也需要時時提醒自己不逾規範，才能在兩性關係中游刃有餘。

歸結前述，可確知社會變遷主要受到下列五個「化」所影響：

1. 工業化 (industrization)：工業由勞力的運用到機器生產為主。

2. 都市化 (urbanization)：人口由農村移往都市，居住於都市的人口激增。

3. 官僚制度化 (bureaucratization)：社會中的組織趨向理性，目的在使生產效率提高、管理效率增加。

4. 全球化 (globalization)：由於跨國的工作生產、文化擴散和資訊科技的關係，使得文化現象及社會關係出現全球性。

另一點極為重要，但是多數非西方國家學者都不願承認，即是「西方化」(westernization)，畢竟站在民族主義的角度要接受西方的諸多事物實在不是一件愉快的經驗，但事實是：西方的經驗在近代文明中的確居於關鍵

的地位，西方在前述現代化的重要指標上也早有成果，而且所謂現代化的社會結構特質或現代性 (modernity) 的人格特質都有強烈的西方色彩。

　　彭懷真 (1998) 曾扼要地整理出七種臺灣社會的整體變遷，由此可大致掌握變遷的指標、內容和趨勢。

㈠一般性的社會變遷

1. 人口增加，人口密度上升，但由於出生率下降，人口增加速度減緩。
2. 人民受教育的年數及比例增加，學校數遽增，學生數及所占人口比增加。
3. 死亡率降低，人民壽命延長。
4. 個人與家庭平均所得增加，每家擁有的電器和機動車輛明顯增加。
5. 經濟依賴人口（15 歲以下和 64 歲以上）比例減少，加入生產行列工作者增加。

㈡社會結構的變遷

1. 農村人口減少，都市人口增加。
2. 從事農業的人口減少，從事工業的人口增加不明顯，服務業、自由業人口則明顯增加。
3. 安土重遷的觀念逐漸消失，人口流動加速。
4. 人民福祉漸受重視，對勞工、兒童、青少年、身心障礙者和老人等的福利都有立法實行來保障。
5. 社會逐漸由重視個人的出身背景轉為重視個人成就。個人教育水準的提高及職業收入的增加成為努力的目標。
6. 大眾傳播媒介發達，網路族也越來越增加，影響力廣泛。

㈢文化價值的變遷

1. 文化傳統力量趨弱，單元價值取向減少。

2.社會規範漸趨混淆，令人無所適從。

3.青年人思想的包容性、獨立性和多樣性增加。批判和選擇代替了完全接
　受。

4.網際網路的重要性增加，快速衝擊文化傳播。

5.現實主義取向增加、道德感情取向減少，權利和義務、取和捨的判斷增
　強。

6.個人獨立性增加，自我中心色彩重。

7.重商主義盛行，生活方式改變，享樂主義心理傾向漸趨明顯。

㈣家庭的變遷

1.以夫妻及未婚子女組成的家庭增多，傳統式家庭相對減少。

2.父權、夫權家庭逐漸變為平權家庭，長輩權威趨於低落。

3.職業婦女遽增，妻子對丈夫經濟上的依賴性減輕，趨向夫妻共同負擔家
　用。

4.傳統家庭倫理式微，祖先崇拜逐漸不受重視。

5.家庭的功能逐漸為社會制度或機構分擔，特別是子女的教育，但對家人
　情感需求仍扮演著重要角色。

6.傳統孝道漸趨淡薄，家庭不再以長輩為中心。

7.單親家庭明顯增加，未婚生子情形增加。

8.夫妻趨向以感情為基礎，較不受傳統倫理束縛，穩定性減低，家庭糾紛
　增加，離婚率提高。

9.傳宗接代觀念減輕，子女人數減少。

10.親職教育漸受重視。

11.家人相聚時間減少，關係漸趨疏離。

(五)人際關係的變遷

1. 社會上各種團體增多，參與的人亦增，個人的關係網路擴大。
2. 私人、親情、友誼、直接、少數、特別的人際關係減弱，趨向於一般性、間接、多數、變通、競爭、功利的人際關係。
3. 個人參與的團體數目增多，各種民間團體均不易要求成員單一效忠。
4. 個人主義漸居優勢，強調個人價值與自我發展。
5. 人際關係網路加大，人際困擾亦加多。
6. 同輩團體、職業團體的重要性增加，影響亦增，宗親團體的影響減少。
7. 對自己所屬團體價值觀念的認同，可能逐漸重於對整個大社會文化的認同。

(六)兩性關係的變遷

1. 婦女地位漸高，其教育水準、職業聲望、收入均升高。
2. 兩性互動的機會及方式都增加。
3. 貞操觀念趨淡，性關係漸開放。
4. 婚前戀愛、個人喜憎取代父母之命、媒妁之言。
5. 婚前與婚外性行為增加。
6. 商業性的性關係增加。
7. 女性參與職場人數日增，扮演較多工作角色。

(七)區位的變遷

1. 都市化明顯，人口多的都市越來越多。
2. 都市中衍生出許多社會問題，例如犯罪、遊民、空氣汙染等。
3. 都市人的關係傾向於表面化、片面性及短暫性。
4. 都市提供較多教育、就業和經濟的機會。

　　總之，臺灣近年來的社會變遷速度很快，各種變遷現象之間更是相互影響的關係。經濟穩定發展、帶動就業機會；人民累積財富及所得，行有餘力追求精神、文化層次上的滿足；從事社會公益活動，帶動社會價值的多元性；政治發展穩定才能使人民安居樂業，生命、財產受到保障，這之間都是交互影響的。但是社會的進步與變遷同樣也帶來許多問題及現象，是需要我們去關心的。所以，在目前的臺灣社會裡，去關心與了解社會的現象與背後的原因，才能使我們的社會越來越進步。

摘要

> 世界天天在變，社會處處在變，只是這些變化近年來是越來越快。臺灣的變主要表現在都市化、工業化和科層化，各種變化已經改變臺灣的面貌，使個人、家庭、組織、人際關係、文化等都面臨衝擊。未來則需迎接全球化、資訊化和網路化的考驗，在一波又一波的浪潮中奮鬥。
>
> 最受重視的社會變遷指標有：國民所得、經濟成長、產業結構、人口組合等，社會學可從不同角度加以解釋我們所處的社會。社會學也是希望經由研究能協助社會中的每一個人「明天會更好」，整個社會都能更進步。

習題

■選擇題

（ ）1.什麼是指一個社會從傳統、舊有的轉變到一個有組織、理性的生活型態？ (A)現代化 (B)工業化 (C)都市化 (D)全球化

（ ）2.近年來臺灣許多人哈韓，人們看韓劇、吃韓式料理、作韓風的打扮，請問這是什麼因素導致的社會變遷？ (A)社會運動 (B)文化傳播 (C)工藝技術 (D)意識型態

（ ）3.關於目前臺灣社會變遷，下列何者正確？ (A)人口的自然增加率有提升趨勢 (B)經濟結構以工業為主要的產業 (C)集體主義盛行，強調個人價值 (D)人口年齡分配呈現高齡化現象

（ ）4.什麼是指一種思想、觀念、價值上的層次，其範疇包括個人的信仰理念和社會的集體價值？ (A)社會演化 (B)意識型態 (C)社會變遷 (D)政治變遷

■是非題

（　）1.社會變遷的方向通常是傳統社會→現代社會→後現代社會。

（　）2.人口結構的變化，是社會變遷的現象之一。

（　）3.工藝技術發展會導致社會變遷，意識型態則與社會變遷無關。

（　）4.現代社會的家庭，由於傳統觀念式微，已無法發揮社會化功能。

■問答題

1.臺灣是快速變遷的社會，主要有哪些因素促使臺灣的變遷如此劇烈？

2.你從小到現在經歷了哪些主要的社會變遷現象？你如何感覺的？又如何評價？

3.各個家庭的改變都會影響每位家庭成員，你覺得臺灣的家庭從過去到現在有哪些主要的改變？

第六章

結 論

學習要點

*1.*了解自己和社會的關聯性。

*2.*關心社會。

*3.*體認社會的重要性。

*4.*繼續對社會學有濃厚興趣。

第一節　個人與社會的聯結關係

「個人」這個詞常常可以見到，其實，沒有一個「個人」是單獨存在或是孤零零地過日子，也沒有人可以一生都「獨自」生活。即使是魯賓遜在荒島上也還思念著親人朋友，都還是用從小所受到的訓練來因應大自然的挑戰，當他遇到了另一個人類「星期五」之時，很快就有了權力關係。

你我每天早上被鬧鐘叫醒，鬧鐘是文化產品，協助人們因應社會有關時間的要求。起床後看電視、上網，想要了解這個社會發生了什麼大小事情。坐公車上學，付多少車錢是社會決定的，不可能看你高興，想給多少就給多少。到了學校，加入教育制度所規定好的學習歷程，和許多同學密切互動，他們是你的同輩團體，而你放學若看到一些大學生，他們可能是你的「參考團體」，你或許嚮往成為他們中的一分子。

青少年在學校中是「同質的」，大家穿制服，頭髮不能有太大變化，什麼都規定地好好的。放學了，就可以大大方方加入各種有差異性的文化活動之中。不論是飲食、穿著、娛樂、運動，都可以更勇於表達自己，更凸顯色彩，更多元呈現。有些人會依照自己的性別、年齡、種族、居住區域、社會階層、宗教，加入不同的「次文化」群體之中，某些人甚至會加入「反文化」或「偏差文化」之中，與主流文化有所對抗。

青少年階段最無法「個人」獨處，正是最受外界影響，卻也最主動挑戰權威與既有秩序的時期。一方面「近朱者赤，近墨者黑」，因加入不同人口群而接受了差異很大的想法與行為標準，有了很不同的行為表現。另一方面，他也在為職業生涯預做準備。到了成年期，進入不同的領域中發展，就可能有不同的生活機會、政治影響力與社會地位，而有不同的發展，這些就是「社會階層」所要研究的。

人，總是有不平等，天生的不平等很難改變，後天人為的不平等更嚴

重和普遍。社會用各種方法來「製造」不平等，從吃什麼、穿什麼、住哪裡、開什麼車，到在政治經濟上的影響大或小，乃至會參加何種團體、會有什麼社交活動，都因職業有所不同。

　　進入職場，就是進入「正式組織」。組織是介乎個人與社會的中介團體，它的特色是：(1)理性的；(2)有分工，有權力的互動關係；(3)有協調，與分工配合；(4)有清楚的權力中心；(5)有正式的溝通網路。組織是受紀律支配，一定要有規則來指揮。所以當一個年輕人加入工作組織後，就須遵守組織的規矩，若以為離開學校此一正式組織就能夠不受社會的約束，就離事實太遠了。

　　除了就業，青年到成人前期最重要的考驗是交友、擇偶、結婚、成家，這也不是只憑個人意願就能決定的。從選擇對象、發展雙方感情、獲得家人同意、訂婚結婚儀式到安排家居生活，無一不受社會所規範。兩個家族要因為一對年輕人的結合而連結在一起，每個人要多出好些姻親，更是社會改變個人的明證。

　　生為現代人，少不了資訊，不能沒有大眾傳播媒介。大眾媒介報導社會上發生了什麼，小到各種流行、時髦、風尚，大到各種社會問題、集體行為、社會運動。我們都生活在資訊時代，也都不能脫離各種資訊的衝擊，從生活中會購買什麼、腦中會思考關心什麼，乃至各種決定，都有社會的烙印。如果沒有社會的活動，個人的心靈可能不知想什麼，更不知生活該做什麼。

　　個人在變，從小到大，稱之為「成長」；從青嫩到擔負各種責任，稱之為「發展」；從壯年到高齡，稱之為「老化」。社會也持續在變，這不停止的改變，稱之為「社會變遷」。近代全球社會變遷主要受到「現代化」所主導，西方之所以被稱為「已開發國家」，正是因為其現代化的速度較快，進步十分明顯，全球大致按著歐美等國所走的政治民主、經濟自由、社會開放、文化創新等道路方向，也影響了每一個人。

科學的昌明和技術的發展帶給現代人很大的便利。試想二十幾年前，有誰能享受網際網路、手機、數位照相機和方便的全球旅途呢？但是，科技文明也帶來許多問題，使個人失去心靈的自由，更不容易有真正的隱私，例如偷窺監視、竊聽、網路犯罪等。科技對環境的破壞和人際關係的傷害更是明顯，多少家庭的不和諧都與電話、電視、電腦的普及有關，因為人人都把心思和時間用在各種「電」的產品，而忽略了「人」。

我們從小就讀「社會」科和「自然」科。大致區分，人們並不能創造自然世界，卻創造了社會；我們很難改變大自然的運作，卻可改變社會的運作；自然現象獨立於人的看法之外，社會現象卻不然，你我對社會的看法十分重要。如果能用科學的方法去看待社會，一定有很大的收穫，這也是研讀社會學的目的。

更重要的，我們可以應用社會學，以社會學的思考和論點來採取有效的行動以促成社會的正向變遷。這種努力可稱之為「診治社會學」，小至個人，大到國家、世界，都可運用此種方法發展相關的議題，並從事有效的改善。詳細的狀況請見表 6-1。

總之，每個人都是「社會人」，不能脫離社會獨立生存。社會也是個人的組合，更是為了個人而存在而運作。社會固然先於個人，在個人出生之前已存在，也將比個人更為長久，但社會終究還是要靠每個成員的付出和參與，才可能長期存在，並且健全發展。單以臺灣來說，不論新臺灣人、舊臺灣人、外省人、本省人、原住民，都是臺灣社會的成員，臺灣社會也靠所有生活在這個島上的成員去運作，才可能生生不息，長長久久。

 # 第二節　關心社會、思考問題

你大概聽過這樣的說法：「臺灣社會生病了，而且病得不輕」，「臺灣真是亂，什麼都亂」，是不是真的如此呢？如果真如此，我們又該做什麼呢？

表 6-1　診治社會學研究及處理問題的範圍

	系統類型	結構舉例	診治社會學的議題
鉅 視	世界體系	世界經濟	國際貿易關係和解決國際衝突
	國家體系	社會、社會制度	
	大型聯合結構	政治次層組織（如州、郡、市）、全國性或跨國公司	制度內或制度間的衝突；領域衝突、文化衝突
中 視	較小的組織	企業、學校和社區	團體間的衝突；包括人力資源在內的資源發展；社區組織與行動
	次級團體	工作單位、鄰居、民間組織	改善團體內與團體間的合作、溝通以及關係；政治行動；解決問題；團體內凝聚力
	初級團體	家庭、夫妻、同輩	改善家庭和團體功能及關係；與相關機構的連繫；解決衝突
微 視	個 人	社會脈絡下的個人	行為改變

資料來源：王振寰、瞿海源主編，1999，《社會學與台灣社會》，頁 665。

　　從許多數據及事實來看，問題的確不輕。就拿最殘酷的殺人來看，已經沒有哪一種人群關係沒有殺人事件了。家庭中，夫殺妻、妻殺夫、子弒父母、父母虐待兒童致死、兄弟鬩牆相互砍殺、孫子砍殺祖父，都曾在社會新聞事件中出現。社會上，認識的、不認識的、有生意往來的、鄰里朋友間都有犯罪事件，到處都是犯罪場所，人人都可能是被害人，整個社會都籠罩在犯罪的陰影之中，沒有人是絕對安全的，甚至網路也成了犯罪管道。

　　從來沒有一個時代有這麼多而複雜的社會問題，從來沒有一個空間擠下這麼多而紊亂的社會現象，從來沒有一個地方像臺灣這麼多元而動態。我們當然承受前所未有的壓力，但也有幸面對。令人煩心，更需有智慧去

處理。

很幸運地，我們有社會學作為幫助。社會學教導你我：

1. 有「冷靜的腦」：理性地思考社會現象，認真地學習前人提供的理論與解釋去研究分析。

2. 有「溫暖的心」：熱誠地面對社會及各種問題，帶著強烈的關懷想要去改變社會，去幫助人們。

3. 有「勤快的手」：確實地發現和討論問題，透過各種管道讓大家都知道、都面對、都關心、都改善。

對於每一個現代人來說，社會學都是有趣、有意義又實用、值得終身探索的知識領域，因為每個人終究都是社會人，也都活在社會之中。社會學可視為終身學習裡的重要課題，在一生之中持續去了解是很有幫助的。

依照聯合國教育科學文化組織 (UNESCO) 對終身學習的解釋，終身學習有四個方面：(1)學習去知道；(2)學習去做；(3)學習去與人相處；(4)學習去成為一個獨特的人。社會學對這四方面都能給予協助，它能使我們知道很多知識、理論、觀念、現象和問題；知道如何去接受文化、執行角色、符合規範；又知道各種人際互動的法則，懂得稱職地與不同的人互動。在其中，我們一方面成為「社會人」，並在社會的期待中盡心盡力表現出自己的獨特性。社會雖大，卻沒有一個人與你完全相同，社會的力量再大，也不應使任何人喪失自主性。

社會透過「社會化」的過程，使文化成為個人的一部分（也許是一個人生命中最重要的一部分），社會規範由外而內，社會價值漸漸成為個人價值。接受社會化是一畢生歷程，始於母腹之中，終於墓塚之內，社會從不間斷地塑造個人，也可說是「社會為我，社會影響我」。每個人應一方面保有自我，一方面主動去影響社會、去服務社會，也就是「我為社會，我影響社會」，而這一切，正是「關心社會、思考問題」，也是我們學習社會學的目的。

》》摘要

　　從有社會學這門科學開始，就有濃厚的應用性格，但也逐漸發展成為一門有紮實理論和嚴謹方法的知識領域。唯有結合實務與理論，才可能成為更有意義的學門。

　　學習社會學有助於認識社會、參與社會和改變社會，尤其對於層出不窮的社會問題，社會學的豐富是最深入剖析的工具，更是每一位社會人少不了的知識。

》》習題

■問答題

1.有人說：「臺灣病了」，你如何看待臺灣許多病態現象？又看到哪些獨具意義的社會生命力？

2.你學會了哪些觀察社會現象的方法？

3.今後，你還想如何去研究臺灣社會？

習題解答

第一章

選擇題	1. A	2. C	3. B	4. D
是非題	1. ✕	2. ◯	3. ✕	4. ◯

第二章

選擇題	1. D	2. C	3. A	4. B
是非題	1. ✕	2. ✕	3. ◯	4. ✕

第三章

選擇題	1. B	2. D	3. A	4. C
是非題	1. ◯	2. ✕	3. ✕	4. ◯

第四章

選擇題	1. C	2. A	3. D	4. B
是非題	1. ◯	2. ✕	3. ◯	4. ✕

第五章

選擇題	1. A	2. B	3. D	4. B
是非題	1. ◯	2. ◯	3. ✕	4. ✕

參考資料

尤美女 (1998)。〈職場性騷擾之定義與評議認定及處理〉。收錄於《第二屆全國婦女國
　　是會議論文集》。高雄：高雄縣政府。

王甫昌 (1998)。〈光復後臺灣族群意識的形成〉。《歷史月刊》，131，30–40。

王振寰、瞿海源主編 (1999)。《社會學與台灣社會》。臺北：巨流圖書公司。

王淑英 (1998)。〈臺灣的托育困境與國家角色〉。收錄於《第三屆全國婦女國是會議論
　　文集》。臺北：臺北市政府。

伊慶春 (1997)。〈從兒童、少年保護談家庭的角色與功能〉。收編於《家庭與兒童保護
　　專輯》。臺中：中華兒童福利基金會。

朱堅章等編著 (1987)。《社會科學概論》。臺北：國立空中大學。

Leonard Broom and Philip Selznick 原著。朱岑樓譯 (1999)。《社會學》。臺北：三民書
　　局。

江漢聲、晏涵文 (1996)。《性教育》。臺北：性林文化。

李美枝 (1987)。《女性心理學》。臺北：大洋出版社。

李美枝 (1992)。《社會心理學──理論研究與應用》。臺北：大洋出版社。

李明淜、吳紹倫主編 (1993)。《社會學新論》。臺北：商務印書館。

Mary Ann Lamanna and Agnes Riedmann 原著。李紹嶸、蔡文輝譯 (1991)。《婚姻與家
　　庭》。臺北：巨流圖書公司。

林萬億 (1998)。〈照顧工作家庭化與商品化對女人的剝削〉。收錄於《第三屆全國婦女
　　國是會議論文集》。臺北：臺北市政府。

Donald Light and Suzanne Keller 原著。林義男譯 (1998)。《社會學》。臺北：巨流圖書
　　公司。

林義男編譯 (1991)。《社會學詞彙》。臺北：巨流圖書公司。

林嘉誠 (1992)。《社會變遷與社會運動》。臺北：黎明出版公司。

林顯宗 (1994)。《社會學概論》。臺北：五南出版社。

金耀基 (1980)。《從傳統到現代》。臺北：時報出版公司。

Wilbert E. Moore 原著。俞景蓮譯 (1988)。《社會變遷》。臺北：巨流圖書公司。

俞敏智等譯 (1996)。《女性主義觀點的社會學》。臺北：巨流圖書公司。

徐正光、宋文星 (1992)。《臺灣新興社會運動》。臺北：巨流圖書公司。

高宣揚 (1988)。《結構主義概說》。臺北：洞察出版社。

張苙雲 (1986)。《組織社會學》。臺北：三民書局。

C. Wright Mills 原著。張君玫、劉鈐佑譯 (1996)。《社會學的想像》。臺北：巨流圖書公司。

張君玫譯 (1996)。《社會學——概念與應用》。臺北：巨流圖書公司。原著：Jonathan H. Turner (1994). *Sociology: Concepts and Uses*. N.Y.: McGraw-Hill, Inc.

張曉春、林瑞德、章英華、詹火生合著 (1981)。《社會學概要》。臺北：三民書局。

Leonard Broom, Charles M. Bonjean, and Dorothy H. Broom 原著。張承漢譯 (1993)。《社會學》。臺北：巨流圖書公司。

張晉芬 (1998)。〈職場中的性別歧視與就業歧視之認定〉。收錄於《第三屆全國婦女國是會議論文集》。臺北：臺北市政府。

張德勝 (1986)。《社會原理》。臺北：巨流圖書公司。

許嘉猷 (1992)。《社會階層化與社會流動》。臺北：三民書局。

許嘉猷 (1987)。〈臺灣的階級結構〉。《中華社會學刊》，11，春季號，p. 25–60。

郭玲惠 (1995)。〈婦女婚姻與家庭權益之檢視〉。收錄於《婦女問題的檢視與前瞻學術研討會論文集》。臺北：國民黨中央婦女工作會。

Neil Smelser 原著。陳光中、秦文力、周愫嫻等譯 (1990)。《社會學》。臺北：桂冠圖書公司。

彭淑華 (1997)。〈家庭結構變遷與兒童少年問題關連性之探討〉。收編於《家庭與兒童保護專輯》。臺中：中華兒童福利基金會。

彭懷真 (1984)。《臺灣經驗的難題》。臺北：洞察出版社。

彭懷真 (1987)。《進入社會學的世界》。臺北：洞察出版社。

彭懷真 (1996)。《新新人類新話題》。臺北：希代出版社。

彭懷真 (1998)。《社會學概論》（修訂版）。臺北：洪葉書局。

彭懷真 (1998)。《婚姻與家庭》。臺北：巨流圖書公司。

彭懷真等譯 (1991)。《社會學辭典》。臺北：五南出版社。

彭懷真等編 (1999)。《家庭暴力一〇〇問》。臺中：中華民國幸福家庭促進協會。

黃瑞祺、張維安譯 (1987)。《古典社會學理論》。臺北：桂冠圖書公司。

黃堅厚 (1999)。《人格心理學》。臺北：心理出版社。

黃德祥 (1994)。《青少年發展與輔導》。臺北：五南出版社。

楊國樞、葉啟政編 (1991)。《台灣的社會問題》。臺北：巨流圖書公司。

楊國樞 (1981)。〈中國人的性格與行為〉。《中華心理學刊》，22，11: p.39。

楊清芬 (1997)。〈空間規劃與兩性教育〉。收錄於《第二屆全國婦女國是會議論文集》。
　　高雄：高雄縣政府。

葉至誠 (1998)。《蛻變的社會——社會變遷的理論與現況》。臺北：洪葉書局。

葉春榮 (1998)。〈從文化的發展看臺灣族群的融合〉。《歷史月刊》，131，p.41–49。

翟本瑞、陳介英 (1995)。《臺灣社會與經濟論文集》。臺北：幼獅圖書公司。

Susan A. Basow 原著。劉秀娟、林明寬譯 (1998)。《兩性關係——性別刻板化與角
　　色》。臺北：揚智出版社。

David Popenoe 原著。劉雲德譯 (1991)。《社會學》。臺北：五南出版社。

蔡文輝 (1993)。《社會學》。臺北：三民書局。

蔡文輝 (1987)。《家庭社會學》。臺北：五南出版社。

蔡文輝 (1992)。《社會變遷》。臺北：三民書局。

鄭讚源 (1996)。〈多層次多面向的老人安養照顧服務體系——我國老人安養照顧系統
　　的四個整合方向〉。《社會福利》，126，p.17–23。

蕭新煌 (1986)。〈臺灣社會結構轉型的再探索〉。《中國論壇》。248，p.2–30。

蕭新煌 (1995)。《臺灣未來的趨勢》。臺北：社會大學。

謝小芩 (1997)。〈從兩性平權觀點談臺灣兩性的教育處境及改善之道〉。收錄於《第二
　　屆全國婦女國是會議論文集》。高雄：高雄縣政府。

謝秀芬 (1989)。《家庭與家庭服務》。臺北：五南出版社。

謝高橋編著 (1983)。《社會學》。臺北：巨流圖書公司。

瞿海源 (1996)。〈臺灣社會變遷研究的意義——一個系列研究的檢討〉。收錄於《當前
　　臺灣社會與文化變遷學術研討會論文集》。中壢：國立中央大學共同學科。

龐建國 (1993)。《臺灣經驗的理論與實際》。臺北：幼獅出版社。

嚴祥鸞 (1997)。〈她們的真正平等工作權——同工同酬到同值同酬的意義〉。收錄於《第二屆全國婦女國是會議論文集》。高雄：高雄縣政府。

蘇芊玲 (1997)。〈從教材看女性的教育處境〉。收錄於《第二屆全國婦女國是會議論文集》。高雄：高雄縣政府。

Anthony Giddens (1997). *Sociology*. 3rd ed. Polity Press in Association with Blackwell Publishers Ltd.

Atchier, Robert (1970). *The Theory of Social Change*. Chicago: Markham Publishing.

Broom, Leonard, and Philip Selznick (1977). *Sociology*. 6th ed. New York: Harper & Row Publishers.

Calhoun, Craig, Light, Donald, and Keller, Suzanne (1994). *Sociology*. 6th ed. McGraw-Hill, Inc.

Chirot, Daniel (1986). *Social Change in the Modern Era*. N.Y.: Harcourt Brace Jovanovich, Inc.

Coser, Lewis A. (1977). *Masters of Sociological Thought*. N.Y.: Harcourt Brace Jovanovich, Inc.

Hall, Richard H. (1991). *Organization: Structure, Processes and Outcomes*. N.J.: Prentice-Hall.

Hoselitz, B. F. (1957). *Generative and Parasitic Cities*. Economic Development and Cultural Change. 3:278–294.

Inkeles, Alex (1975). *What is Sociology?*. N.Y.: Prentice-Hall of India.

Kenneth C. W. Kammeyer, George Ritzer, and Norman R. Yetman (1990). *Sociology: Experiencing Changing Societies*. 4th ed. Allyn and Bacon.

Light, Donald and I. Keller Suzanne Infeld (1985). *Sociology*. 4th ed. New York: Alfred A. Knopf.

Macionis, John J. (1993). *Sociology*. 4th ed. New Jersey: Prentice-Hall.

Moore, Stephen (1994). *Sociology—Study Guide*. (A Level) Bpp (Letts Education) Ltd.

Moore, Stephen (1995). *Sociology—Study Guide*. (A Level) Bpp (Letts Education) Ltd.

Newman, David M. (1995). *Sociology—Exploring the Architecture of Everyday Life*. Pine Forge Press.

Ritzer, George (1983). *Sociological Theory*. Alfred A. Knopf, Inc.

Ritzer, George, Kenneth C. W. Kammeyer, and Norman R. Yetman (1982). *Sociology*. Boston: Allyn and Bacon.

Schaefer, Richard T., and Robert P. Lamm (1995). *Sociology*. 5th ed. McGraw-Hill, Inc.

Smelser, Neil J. (1984). *Sociology*. Prentice-Hall, Inc. Englewood Cliffs.

Smith, Carol A. (1990). *Types of City-size Distribution: A Comparative Analysis*. In Ad Van Der Woude, Jan De Veries and Akira Hayami (eds.), *Urbanization in History*. N.Y.: Oxford University Press.

Tony Bilton, Kevin Bonnett, Pip Jones, David Skinner, Michelle Stanworth, and Andrew Webster (1996). *Introductory Sociology*. 3rd ed. Macmillan Press Ltd.

William Snizek, Reba Lewis, and Rich Wallace (1997). *Test Bank to Accompany Calhoun/Light/Keller: Sociology*. 7th ed. The McGraw-Hill Companies, Inc.

Zastrow, Charles (1993). *Social Problems: Issues and Solutions*. Nelson Hall, Inc.

社會學理論　蔡文輝／著

　　本書以簡潔易讀的文字，有系統地介紹當代西方社會學主要理論學派的概念和理論架構。對功能論、衝突論、符號互動論及交換論及其代表人物皆有詳盡的說明。其他次要理論如標籤論、社會演化論、俗民方法論、現象論、女性主義等亦有介紹。本書緊扣理論的精華並以客觀立場評其得失，不僅是社會學系學生學習之指引，也是其他社會科學系學生不可或缺之參考書。

社會學概論　蔡文輝、李紹嶸／編著

　　誰說社會學是一門高深、難懂的枯燥學科？本書透過簡明生動的文字，搭配豐富有趣的例子，帶領讀者進入社會學的知識殿堂。本書特色在於：採取社會學理論最新的發展趨勢，以綜合性理論的途徑，精闢分析國外與臺灣的社會現象與社會問題；此外，每章結尾並附有選擇題和問答題供讀者複習與反思之用，是一本值得您一讀再讀的社會學入門書籍。